Utilize este código QR para se cadastrar de forma mais rápida:

Ou, se preferir, entre em:
www.moderna.com.br/ac/livroportal
e siga as instruções para ter acesso aos conteúdos exclusivos do
Portal e Livro Digital

CÓDIGO DE ACESSO:
A 00011 BURMALF3E 2 08702

Faça apenas um cadastro. Ele será válido para:

Da semente ao livro,
sustentabilidade por todo o caminho

Plantar florestas
A madeira que serve de matéria-prima para nosso papel vem de plantio renovável, ou seja, não é fruto de desmatamento. Essa prática gera milhares de empregos para agricultores e ajuda a recuperar áreas ambientais degradadas.

Fabricar papel e imprimir livros
Toda a cadeia produtiva do papel, desde a produção de celulose até a encadernação do livro, é certificada, cumprindo padrões internacionais de processamento sustentável e boas práticas ambientais.

Criar conteúdos
Os profissionais envolvidos na elaboração de nossas soluções educacionais buscam uma educação para a vida pautada por curadoria editorial, diversidade de olhares e responsabilidade socioambiental.

Construir projetos de vida
Oferecer uma solução educacional Moderna é um ato de comprometimento com o futuro das novas gerações, possibilitando uma relação de parceria entre escolas e famílias na missão de educar!

Apoio:

Fotografe o Código QR e conheça melhor esse caminho.
Saiba mais em *moderna.com.br/sustentavel*

ALFABETIZAÇÃO 2

Organizadora: Editora Moderna
Obra coletiva concebida, desenvolvida e produzida pela Editora Moderna.

Editora responsável:
Tais Freire Rodrigues

Propostas didáticas que promovem o desenvolvimento de habilidades essenciais de leitura e escrita e a compreensão de conhecimentos elementares de Matemática, importantes para o futuro processo de alfabetização formal.

1ª edição

© Editora Moderna, 2021

Elaboração dos originais

Danielle Andrade Silva de Castro
Bacharela em Psicologia pela Universidade Federal de Juiz de Fora e mestra em Ciências pela Universidade de São Paulo.

Gabriela Guarnieri Mendes
Licenciada em Pedagogia pela Universidade de São Paulo e mestra em Ciências pela Universidade de São Paulo. Especialista em Psicopedagogia Clínica e Institucional pelo Centro Universitário Barão de Mauá. Especialista em Neuropsicopedagogia e Educação Especial Inclusiva pela Faculdade Estadual de Educação, Ciências e Letras de Paranavaí.

Grazielle Gomes da Veiga
Bacharela em Comunicação Social (Editoração) pela Universidade de São Paulo.

Nathalia de Oliveira Matsumoto
Bacharela em Letras (Português) pela Universidade de São Paulo.

Regina Braz Rocha
Bacharela e licenciada em Letras (Português e Inglês) pelo Centro Universitário Fundação Instituto de Ensino para Osasco. Mestra e doutora em Linguística Aplicada e Estudos da Linguagem pela Pontifícia Universidade Católica de São Paulo.

Selene Coletti
Licenciada em Pedagogia pela Faculdade de Filosofia, Ciências e Letras "Prof. José Augusto Vieira" e especialista em Gestão para o Sucesso Escolar pelo Instituto de Protagonismo Jovem e Educação – Protagonistés e Instituto Gestão Educacional, em parceria com o Centro Universitário Hermínio Ometto – Uniararas.

Sylvia Domingos Barrera
Bacharela em Psicologia pela Universidade de São Paulo, mestra e doutora em Psicologia Escolar e do Desenvolvimento Humano pela Universidade de São Paulo.

Tatiana Corrêa Pimenta
Bacharela em Comunicação Social (Editoração) pela Universidade de São Paulo.

Coordenação editorial: Tais Freire Rodrigues
Edição de texto: Grazielle Gomes da Veiga, Nathalia de Oliveira Matsumoto
Gerência de *design* e produção gráfica: Everson de Paula
Coordenação de produção: Patricia Costa
Gerência de planejamento editorial: Maria de Lourdes Rodrigues
Coordenação de *design* e projetos visuais: Marta Cerqueira Leite
Projeto gráfico: Tatiane Porusselli
Capa: Bruno Tonel, Daniela Cunha, Tatiane Porusselli
 Ilustração: Daniel Cabral
Coordenação de arte: Denis Torquato
Edição de arte: Cristiane Cabral, Mônica Maldonado
Editoração eletrônica: Select Editoração
Coordenação de revisão: Elaine C. del Nero
Revisão: Márcia Leme, Nancy H. Dias
Coordenação de pesquisa iconográfica: Luciano Baneza Gabarron
Pesquisa iconográfica: Márcia Mendonça, Renata Martins
Coordenação de *bureau*: Rubens M. Rodrigues
Tratamento de imagens: Ademir Francisco Baptista, Joel Aparecido, Luiz Carlos Costa, Marina M. Buzzinaro, Vânia Aparecida M. de Oliveira
Pré-impressão: Alexandre Petreca, Andréa Medeiros da Silva, Everton L. de Oliveir Fabio Roldan, Marcio H. Kamoto, Ricardo Rodrigues, Vitória Sousa
Coordenação de produção industrial: Wendell Monteiro
Impressão e acabamento: Log&Print Gráfica, Dados Variáveis e Logística S.A.
Lote: 784004
Código: 240000135

Dados Internacionais de Catalogação na Publicação (CIP)
(Câmara Brasileira do Livro, SP, Brasil)

```
Buriti mirim alfabetização 2 / organizadora
   Editora Moderna ; obra coletiva concebida,
   desenvolvida e produzida pela Editora Moderna ;
   editora responsável Tais Freire Rodrigues. --
   1. ed. -- São Paulo : Moderna, 2021.

   ISBN 978-85-16-12884-5 (aluno)
   ISBN 978-85-16-12885-2 (professor)

   1. Alfabetização (Educação infantil)
I. Rodrigues, Tais Freire.

21-72602                              CDD-372.21
```

Índices para catálogo sistemático:

1. Alfabetização : Educação infantil 372.21

Maria Alice Ferreira - Bibliotecária - CRB-8/7964

Reprodução proibida. Art. 184 do Código Penal e Lei 9.610 de 19 de fevereiro de 1998.
Todos os direitos reservados

EDITORA MODERNA LTDA.
Rua Padre Adelino, 758 – Belenzinho
São Paulo - SP - Brasil - CEP 03303-904
Vendas e Atendimento: Tel. (0_ _11) 2602-5510
Fax (0_ _11) 2790-1501
www.moderna.com.br
2024
Impresso no Brasil

1 3 5 7 9 10 8 6 4 2

MEU LIVRO

ESTE LIVRO SERÁ SEU COMPANHEIRO AO LONGO DO ANO TODO. COM ELE, VOCÊ SERÁ APRESENTADO AO MUNDO DAS LETRAS E DOS NÚMEROS. PARA COMEÇAR, PEÇA AJUDA AO SEU PROFESSOR E ESCREVA SEU NOME NO ESPAÇO ABAIXO.

ESPERAMOS QUE A SUA AVENTURA PELA APRENDIZAGEM SEJA MUITO DIVERTIDA!

AS EDITORAS

MEU NOME É:

_____

SUMÁRIO

UNIDADE 1 6

A BICICLETA 6
Letra de canção

O ALFABETO 8
Alfabeto; nome próprio

AS LETRAS A, E, I, O, U 9
Vogais; sons iniciais

A LETRA... 10
Letra A

OS NÚMEROS DE 0 A 4 12
Números de 0 a 4; contagem e comparação de quantidades

QUANTOS ANÉIS? 13
Números de 1 a 4; contagem e comparação de quantidades

A LETRA... 14
Letra B

OS NÚMEROS DE 5 A 9 16
Números de 5 a 9; contagem e comparação de quantidades

O FUNDO DO MAR 17
Números de 1 a 9; contagem

A LETRA... 18
Letra C

UNIDADE 2 20

GUARDA-CHUVAS 20
Poema

PALAVRAS 22
Segmentação de frases em palavras; contagem

CONTANDO AS PALAVRAS 23
Segmentação de frases em palavras; contagem

OS NÚMEROS DE 0 A 4 24
Traçado dos números de 0 a 4; contagem

QUANTOS GUARDA-CHUVAS? 25
Escrita dos números de 1 a 4; contagem

A LETRA... 26
Letra D

OS NÚMEROS DE 5 A 9 28
Traçado dos números de 5 a 9; contagem

QUANTOS BALÕES? 29
Escrita dos números de 5 a 9; contagem

A LETRA... 30
Letra E

A LETRA... 32
Letra F

UNIDADE 3 34

A SEMANA INTEIRA 34
Poema

ONTEM, HOJE E AMANHÃ 36
Dias da semana; ontem, hoje e amanhã

PALAVRAS QUE RIMAM 37
Rima

DÚZIA 38
Números de 1 a 12; contagem; dúzia

SÍLABAS 39
Segmentação de palavras em sílabas; contagem

A LETRA... 40
Letra G

RESOLVENDO PROBLEMAS 42
Escrita de números; noções de adição e de subtração

QUANTAS BOLINHAS? 43
Escrita de números; noções de adição

A LETRA... 44
Letra H

A LETRA... 46
Letra I

UNIDADE 4 48

JOÃO GULOSO 48
Conto

DOBRO 51
Dobro; raciocínio matemático

METADE 52
Metade; raciocínio matemático

NO MERCADO 53
Sistema monetário; raciocínio matemático

A LETRA... 54
Letra J

A LETRA... 56
Letra K

NA FEIRA 58
Contagem; dobro; números de 1 a 20

JOGO DE TRILHA 59
Números de 1 a 25; noções de subtração

A LETRA... 60
Letra L

UNIDADE 5 — 62

A BONECA — 62
Poema

O BRINQUEDO FAVORITO DA TURMA — 64
Construção e interpretação de gráfico

FIGURAS GEOMÉTRICAS — 65
Figuras geométricas espaciais; objetos tridimensionais

BRINCAR DE RIMAR — 66
Rima

SE VOCÊ FOR INVENTOR, INVENTE — 67
Poema; rima

A LETRA... — 68
Letra M

A LETRA... — 70
Letra N

A LETRA... — 72
Letra O

RECEITA DO VOVÔ — 74
Dúzia; números de 1 a 20; metade

RESOLVENDO PROBLEMAS — 75
Escrita de números; dobro

A LETRA... — 76
Letra P

UNIDADE 6 — 78

O LEÃO E O RATINHO — 78
Fábula

QUEBRA-CABEÇA — 80
Quebra-cabeça; raciocínio lógico

GRANDE OU PEQUENO? — 81
Grande e pequeno; maior e menor

A LETRA... — 82
Letra Q

QUANTO VALE? — 84
Sistema monetário; raciocínio matemático

NA PADARIA — 85
Pequeno e grande; sistema monetário; noções de adição

A LETRA... — 86
Letra R

TRAVA-LÍNGUA — 88
Trava-língua; aliteração; letra R

O SOM DO COMEÇO DAS PALAVRAS — 89
Aliteração

A LETRA... — 90
Letra S

UNIDADE 7 — 92

A FESTA DO TIGRE E OS SEUS CONVIDADOS — 92
Conto

ORDENE A HISTÓRIA — 94
Ordenação temporal

QUANTOS VÃO SOBRAR? — 95
Noções de subtração; escrita de número

A LETRA... — 96
Letra T

DOBRADURA — 98
Manipulação mental de objetos tridimensionais; função de números

QUANTOS CARNEIROS? — 99
Noções de adição; escrita de número

A LETRA... — 100
Letra U

A LETRA... — 102
Letra V

UNIDADE 8 — 104

O MAGUARI E O SONO — 104
Conto

DIA OU NOITE? — 106
Dia e noite; classificação por atributo

OBSERVAÇÃO DO CÉU — 107
Dia e noite

A LETRA... — 108
Letra W

A LETRA... — 110
Letra X

COMO ESTÁ O TEMPO ATMOSFÉRICO? — 112
Tempo atmosférico; coleta e registro de dados

ENSOLARADO, NUBLADO OU CHUVOSO? — 113
Tempo atmosférico; construção e interpretação de gráfico

A LETRA... — 114
Letra Y

A LETRA... — 116
Letra Z

REFERÊNCIAS BIBLIOGRÁFICAS — 118

MATERIAL DE APOIO — 119

UNIDADE 1

A BICICLETA

B-I-C-I-C-L-E-T-A.
SOU TUA AMIGA BICICLETA.

SOU EU QUE TE LEVO PELOS PARQUES A CORRER.
TE AJUDO A CRESCER E EM DUAS RODAS DESLIZAR.
EM CIMA DE MIM O MUNDO FICA À SUA MERCÊ.
VOCÊ RODA EM CIMA E O MUNDO EMBAIXO DE VOCÊ.
CORPO AO VENTO, PENSAMENTO SOLTO PELO AR,
PRA ISSO ACONTECER BASTA VOCÊ ME PEDALAR.

[...]

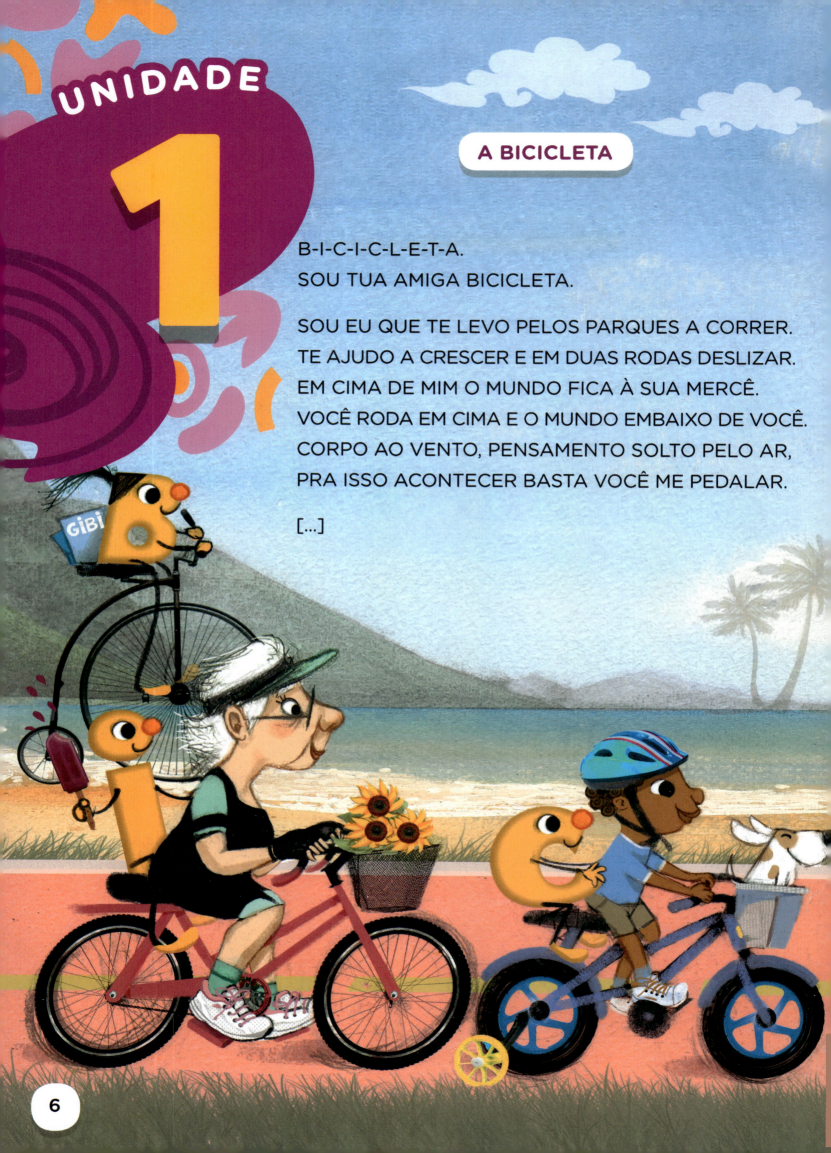

SOU EU QUE TE FAÇO COMPANHIA POR AÍ
ENTRE RUAS, AVENIDAS, NA BEIRA DO MAR.
EU VOU COM VOCÊ COMPRAR E TE AJUDO A CURTIR
PICOLÉ, CHICLETES, FIGURINHAS E GIBIS.
RODO A RODA E O TEMPO RODA E É HORA DE VOLTAR,
PRA ISSO ACONTECER BASTA VOCÊ ME PEDALAR.

[...]

FAZ BEM POUCO TEMPO ENTREI NA MODA PRA VALER.
OS EXECUTIVOS ME PROCURAM SEM PARAR.
TODO MUNDO VIVE PREOCUPADO EM EMAGRECER.
ATÉ MESMO TEUS PAIS RESOLVERAM ME ADOTAR.
MUITA GENTE ULTIMAMENTE VEM ME PEDALAR,
MAS DE UM JEITO ESTRANHO QUE EU NÃO SAIO DO LUGAR.

[...]

MUTINHO E TOQUINHO. A BICICLETA. *TOQUINHO E SUAS CANÇÕES PREFERIDAS*. PARADOXX, 1996.

GLOSSÁRIO

À SUA MERCÊ: À SUA DISPOSIÇÃO.
EXECUTIVO: PESSOA QUE EXERCE FUNÇÃO DE COMANDO EM UMA EMPRESA.

- Você gostou dessa letra de canção? Por quê?
- Você sabe andar de bicicleta? Se sim, onde costuma pedalar? Se não, gostaria de aprender?
- Você sabe para que serve uma bicicleta que não sai do lugar quando a gente pedala? Converse a respeito com os colegas.

O ALFABETO

COM A AJUDA DO PROFESSOR, OBSERVE E RECITE AS 26 LETRAS QUE FORMAM O ALFABETO DA LÍNGUA PORTUGUESA.

O PROFESSOR VAI ESCREVER O SEU NOME NO QUADRO ABAIXO.

- Procure as letras do seu nome no alfabeto desta página e pinte cada uma delas.
- Alguém em sua turma tem o mesmo nome que você?

AS LETRAS A, E, I, O, U

VOCÊ E OS COLEGAS VÃO PENSAR EM NOMES QUE COMEÇAM COM O SOM DAS LETRAS **A**, **E**, **I**, **O**, **U**.

Escreva um nome que comece com o som de cada letra destacada acima. Se preferir, faça um desenho que represente o nome que você escolheu.

A LETRA...

1. OUÇA O PROFESSOR DIZER O NOME DA LETRA ABAIXO. OBSERVE AS FORMAS DESSA LETRA.

ABELHA

2. DIGA O NOME DAS FIGURAS A SEGUIR.

ABACAXI

ANEL

AREIA

AVIÃO

ILUSTRAÇÕES: CLAUDIA MARIANNO

3. OBSERVE AS SETAS E TREINE O TRAÇADO DA LETRA **A**. DEPOIS, ESCREVA A LETRA **A** ATÉ O FINAL DA LINHA SEM A AJUDA DO TRAÇADO.

4. PENSE EM UM NOME QUE COMEÇA COM O SOM DA LETRA **A**. DEPOIS, DESENHE-O NO QUADRO ABAIXO.

OS NÚMEROS DE 0 A 4

DESTAQUE AS FIGURAS DA PÁGINA 121. VOCÊ SABE O NOME DESSA FRUTA? JÁ A EXPERIMENTOU?

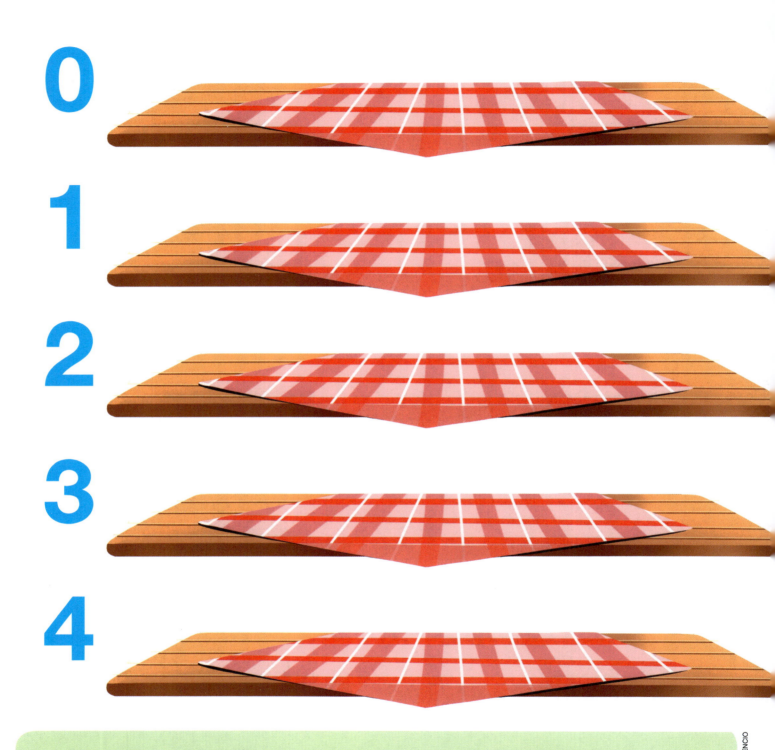

- Observe os números e cole a quantidade correspondente de abacates em cada uma das mesas.
- Circule o número que representa a **maior** quantidade de abacates em cima da mesa.
- Ao lado de qual número a mesa ficou vazia?

QUANTOS ANÉIS?

OBSERVE AS IMAGENS E OS NÚMEROS.

3

4

2

1

- Ligue cada quadro ao número que representa a quantidade de anéis que ele tem.
- Circule de vermelho o número que representa a **maior** quantidade de anéis.
- Circule de azul o número que representa a **menor** quantidade de anéis.

A LETRA...

1. OUÇA O PROFESSOR DIZER O NOME DA LETRA ABAIXO. OBSERVE AS FORMAS DESSA LETRA.

BALEIA

2. DIGA O NOME DAS FIGURAS A SEGUIR.

BETERRABA

BICICLETA

BONECA

BULE

ILUSTRAÇÕES: CLAUDIA MARIANNO

3. OBSERVE AS SETAS E TREINE O TRAÇADO DA LETRA **B**. DEPOIS, ESCREVA A LETRA **B** ATÉ O FINAL DA LINHA SEM A AJUDA DO TRAÇADO.

4. PENSE EM UM NOME QUE COMEÇA COM O SOM DA LETRA **B**. DEPOIS, DESENHE-O NO QUADRO ABAIXO.

OS NÚMEROS DE 5 A 9

DESTAQUE AS FIGURAS DA PÁGINA 123. VOCÊ SABE O NOME DESSE ANIMAL? EM QUAIS LUGARES COSTUMAMOS VÊ-LO?

- Observe os números e cole ao lado a quantidade correspondente de borboletas.
- Circule o número que representa a **menor** quantidade de borboletas.

O FUNDO DO MAR

OBSERVE A IMAGEM. ONDE VOCÊ ACHA QUE ESSES ANIMAIS ESTÃO? VOCÊ SABE O NOME DE ALGUM DELES?

ILUSTRAÇÕES: MILA HORTENCIO

| 1 | 2 | 3 | 4 | 5 | 6 | 7 | 8 | 9 |

- Quantos animais estão ilustrados nesta página?
- Pinte o número que representa essa quantidade na sequência numérica.

A LETRA...

1. OUÇA O PROFESSOR DIZER O NOME DA LETRA ABAIXO. OBSERVE AS FORMAS DESSA LETRA.

CAMELO

2. DIGA O NOME DAS FIGURAS A SEGUIR.

CONE

COELHO

CUÍCA

CURIÓ

ILUSTRAÇÕES: CLAUDIA MARIANNO

3. OBSERVE A SETA E TREINE O TRAÇADO DA LETRA **C**. DEPOIS, ESCREVA A LETRA **C** ATÉ O FINAL DA LINHA SEM A AJUDA DO TRAÇADO.

4. PENSE EM UM NOME QUE COMEÇA COM O SOM DA LETRA **C**. DEPOIS, DESENHE-O NO QUADRO ABAIXO.

UNIDADE 2

GUARDA-CHUVAS

TENHO QUATRO GUARDA-CHUVAS
TODOS OS QUATRO COM DEFEITO;
UM EMPERRA QUANDO ABRE,
OUTRO NÃO FECHA DIREITO.

UM DELES VIRA AO CONTRÁRIO
SE EU ABRO SEM TER CUIDADO.
OUTRO, ENTÃO, SOLTA AS VARETAS
E FICA TODO AMASSADO.

O QUARTO É BEM PEQUENINO,
PRA CARREGAR POR AÍ;
PORÉM, TODA VEZ QUE CHOVE,
EU DESCUBRO QUE O ESQUECI...

POR ISSO, NÃO FALHA NUNCA:
SE COMEÇA A TROVEJAR,
NENHUM DOS QUATRO ME VALE —
EU SEI QUE VOU ME MOLHAR.

GLOSSÁRIO

EMPERRAR: FICAR DIFÍCIL DE MOVIMENTAR, TRAVAR.
ENCHARCADO: MUITO MOLHADO.

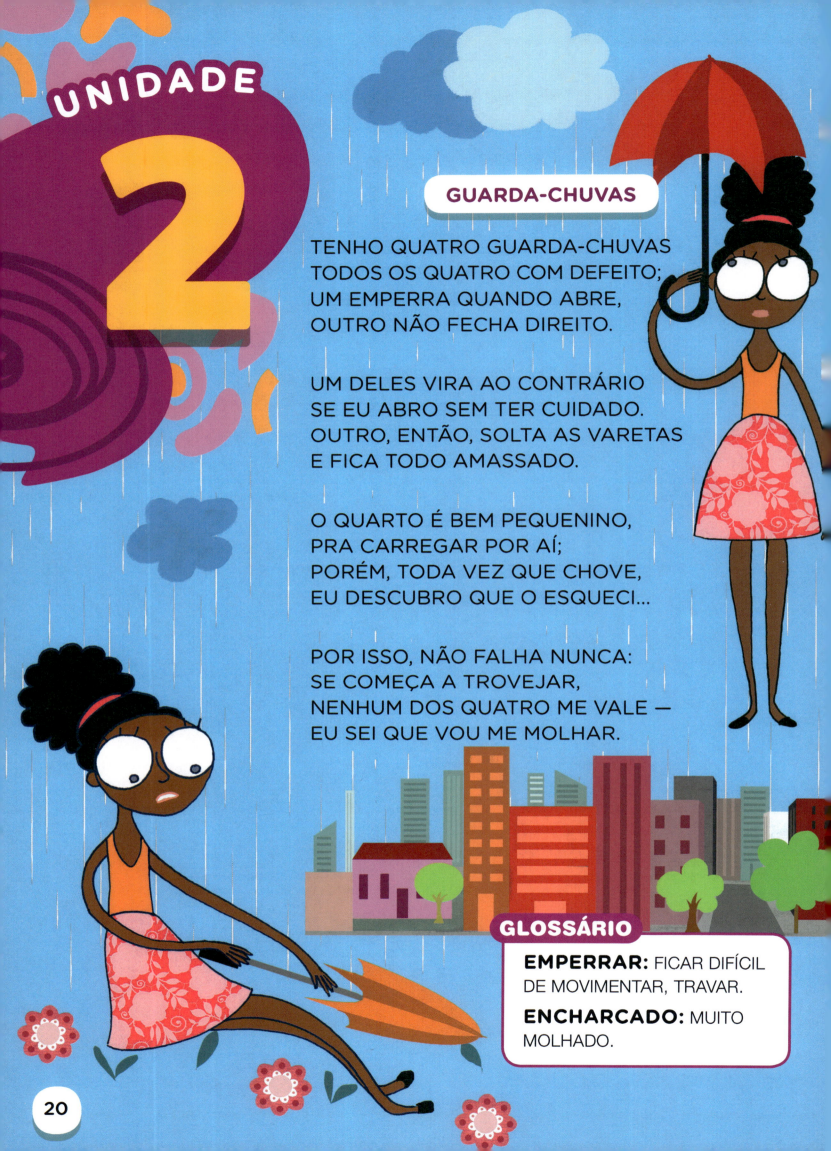

QUEM ME DERA UM GUARDA-CHUVA
PEQUENO COMO UMA LUVA
QUE ABRISSE SEM EMPERRAR
AO VER A CHUVA CHEGAR!

TENHO QUATRO GUARDA-CHUVAS
QUE NÃO ME SERVEM DE NADA;
QUANDO CHOVE DE REPENTE,
ACABO TODA ENCHARCADA.

E QUE FRIA CAI A ÁGUA
SOBRE A PELE RESSECADA!
AI...

ROSANA RIOS. GUARDA-CHUVAS. *CHEIRO DE CHUVA*. SÃO PAULO: STUDIO NOBEL, 2004. P. 33.

- Você gostou desse poema? Por quê?
- O eu lírico do poema tem quantos guarda-chuvas?
- O que acontece com o eu lírico do poema quando chove de repente?

PALAVRAS

TODA FRASE É FORMADA POR UMA OU MAIS PALAVRAS.

ESSA FRASE TEM UMA PALAVRA.

ESSA FRASE TEM QUATRO PALAVRAS.

Vamos relembrar como dividir frases em palavras?

CONTANDO AS PALAVRAS

ACOMPANHE A LEITURA DE DUAS FRASES.

QUE FRIO!

QUER BRINCAR COMIGO?

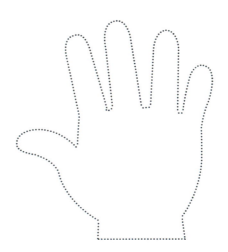

Indique a quantidade de palavras em cada uma das frases pintando um dedo para cada palavra que você ouviu.

OS NÚMEROS DE 0 A 4

TRACE OS NÚMEROS DE ACORDO COM O MODELO.

Que números você traçou?

QUANTOS GUARDA-CHUVAS?

ESCREVA O NÚMERO DE OBJETOS QUE HÁ EM CADA QUADRO.

- Quantos guarda-chuvas há em cada quadro?
- Em qual dos quadros há a **maior** quantidade de guarda-chuvas? E a **menor**?

A LETRA...

1. OUÇA O PROFESSOR DIZER O NOME DA LETRA ABAIXO. OBSERVE AS FORMAS DESSA LETRA.

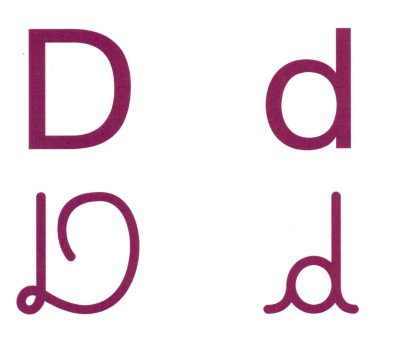

DADO

2. DIGA O NOME DAS FIGURAS A SEGUIR.

DEDO

DINOSSAURO

DOCE

DUCHA

3. OBSERVE AS SETAS E TREINE O TRAÇADO DA LETRA **D**. DEPOIS, ESCREVA A LETRA **D** ATÉ O FINAL DA LINHA SEM A AJUDA DO TRAÇADO.

4. PENSE EM UM NOME QUE COMEÇA COM O SOM DA LETRA **D**. DEPOIS, DESENHE-O NO QUADRO ABAIXO.

OS NÚMEROS DE 5 A 9

TRACE OS NÚMEROS DE ACORDO COM O MODELO.

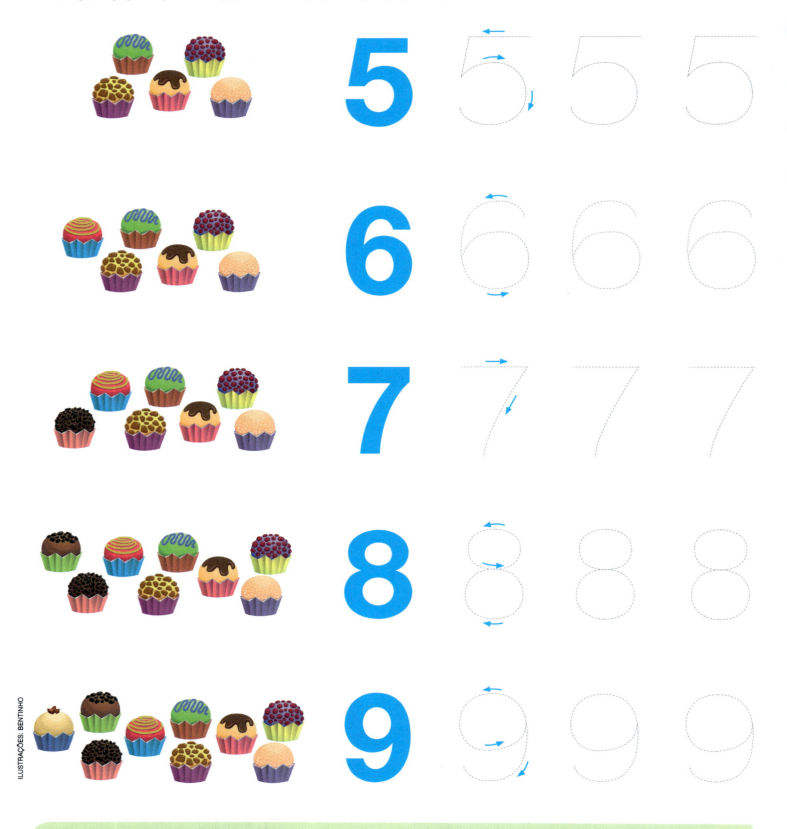

- Que números você traçou?
- Qual desses números representa a **maior** quantidade de docinhos?

QUANTOS BALÕES?

ESCREVA O NÚMERO DE OBJETOS QUE HÁ EM CADA QUADRO.

- Quantos balões há em cada quadro?
- Em qual dos quadros há a **maior** quantidade de balões? E a **menor**?

A LETRA...

1. OUÇA O PROFESSOR DIZER O NOME DA LETRA ABAIXO. OBSERVE AS FORMAS DESSA LETRA.

E e
Ɛ ℓ

ELEFANTE

2. DIGA O NOME DAS FIGURAS A SEGUIR.

EMA

EDIFÍCIO

ETIQUETA

ELEVADOR

3. OBSERVE AS SETAS E TREINE O TRAÇADO DA LETRA **E**. DEPOIS, ESCREVA A LETRA **E** ATÉ O FINAL DA LINHA SEM A AJUDA DO TRAÇADO.

4. PENSE EM UM NOME QUE COMEÇA COM O SOM DA LETRA **E**. DEPOIS, DESENHE-O NO QUADRO ABAIXO.

A LETRA...

1. OUÇA O PROFESSOR DIZER O NOME DA LETRA ABAIXO. OBSERVE AS FORMAS DESSA LETRA.

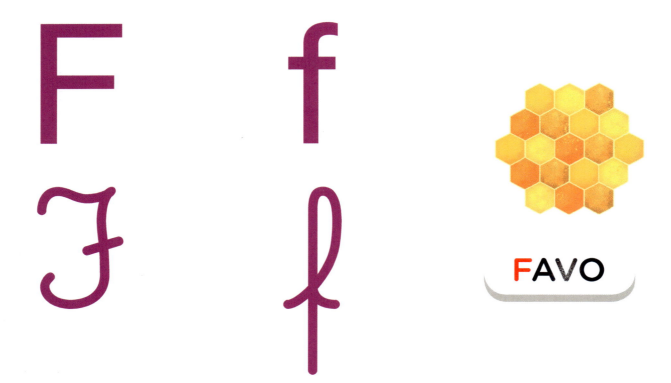

FAVO

2. DIGA O NOME DAS FIGURAS A SEGUIR.

FERRO

FIGO

FOCA

FUNIL

ILUSTRAÇÕES: CLAUDIA MARIANNO

3. OBSERVE AS SETAS E TREINE O TRAÇADO DA LETRA **F**. DEPOIS, ESCREVA A LETRA **F** ATÉ O FINAL DA LINHA SEM A AJUDA DO TRAÇADO.

4. PENSE EM UM NOME QUE COMEÇA COM O SOM DA LETRA **F**. DEPOIS, DESENHE-O NO QUADRO ABAIXO.

UNIDADE 3

A SEMANA INTEIRA

A SEGUNDA FOI À FEIRA,
PRECISAVA DE FEIJÃO;
A TERÇA FOI À FEIRA,
PRA COMPRAR UM PIMENTÃO;
A QUARTA FOI À FEIRA,
PRA BUSCAR QUIABO E PÃO;
A QUINTA FOI À FEIRA,
POIS GOSTAVA DE AGRIÃO;
A SEXTA FOI À FEIRA,
TEM BANANA? TEM MAMÃO?
SÁBADO NÃO TEM FEIRA
E DOMINGO TAMBÉM NÃO.

SÉRGIO CAPPARELLI. A SEMANA INTEIRA.
111 POEMAS PARA CRIANÇAS.
PORTO ALEGRE: L&PM, 2003. P. 17.

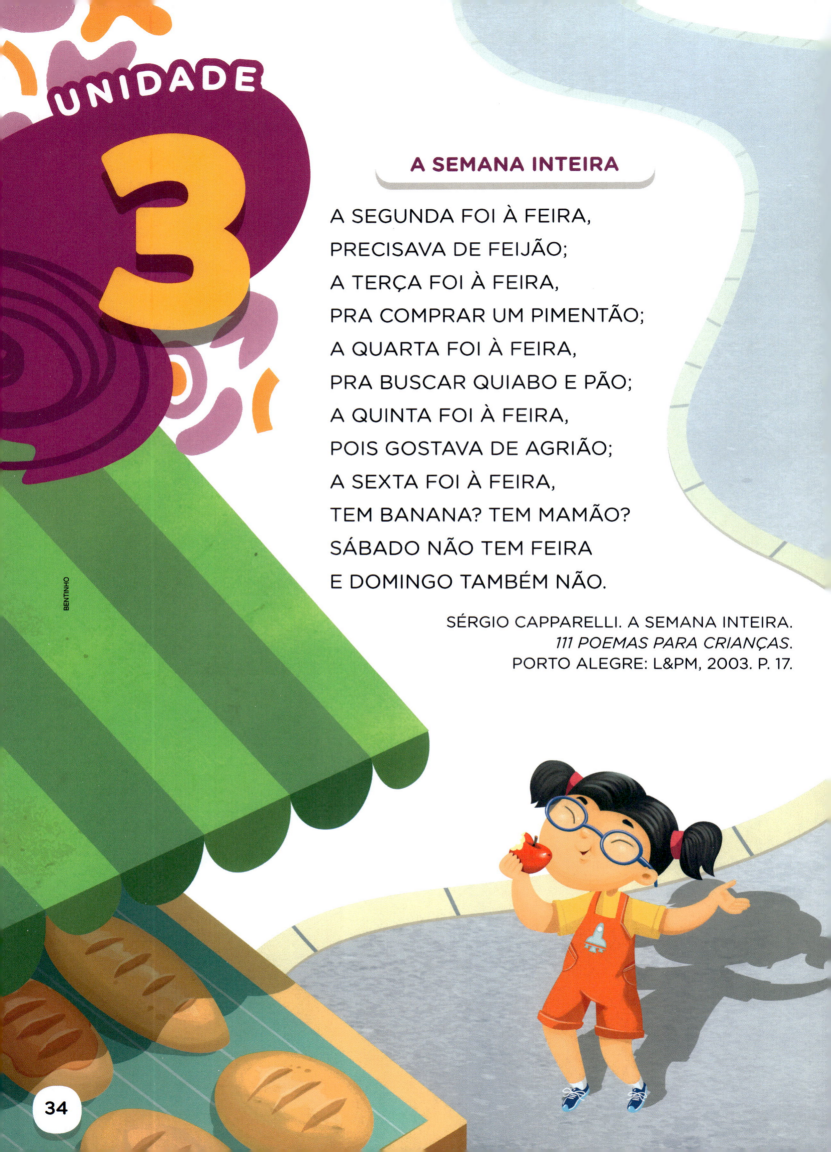

- Você gostou desse poema? Por quê?
- Que frutas são citadas no poema?
- Segundo o poema, em que dias não há feira?

ONTEM, HOJE E AMANHÃ

QUAIS DIAS DA SEMANA FORAM CITADOS NO POEMA *A SEMANA INTEIRA*?

DOMINGO
SÁBADO

- Destaque as peças da página 125 e cole na ordem correta os dias da semana que faltam na lista acima.
- Depois, pinte de azul o dia da semana que representa o dia de **hoje**, de verde o dia que representa o dia de **ontem** e de amarelo o dia que será **amanhã**.

PALAVRAS QUE RIMAM

OBSERVE ALGUNS ALIMENTOS ENCONTRADOS EM FEIRAS. VOCÊ SABE O NOME DELES?

TOMATE

ACEROLA

CARAMBOLA

MAMÃO

LIMÃO

ABACATE

- Diga em voz alta o nome de cada um dos alimentos acima.
- Quais desses alimentos têm nomes que rimam? Ligue-os.

DÚZIA

ACOMPANHE A LEITURA DE UMA PARLENDA.

UM, DOIS, TRÊS.
QUATRO, CINCO, SEIS.
SETE, OITO, NOVE,
PARA DOZE FALTAM TRÊS!

DA TRADIÇÃO POPULAR.

1	2	3	4	5	6	7	8	9	10	11	12

- Você sabe o que é **uma dúzia**? Que alimentos costumam ser vendidos em dúzia?
- Quantos ovos estão nessa caixa? Desenhe os ovos que faltam para a caixa ficar completa.
- Pinte, na sequência numérica, o número total de ovos na caixa.

SÍLABAS

VAMOS RELEMBRAR COMO DIVIDIR PALAVRAS EM SÍLABAS?

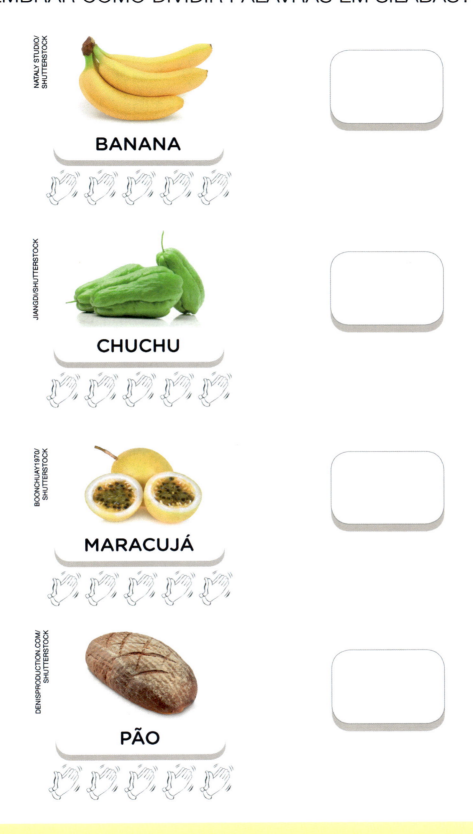

- Bata uma palma para cada sílaba das palavras que o professor vai ler.
- Pinte quantas palmas você bateu para essas palavras.
- Escreva quantas sílabas cada uma dessas palavras tem.

A LETRA...

1. OUÇA O PROFESSOR DIZER O NOME DA LETRA ABAIXO. OBSERVE AS FORMAS DESSA LETRA.

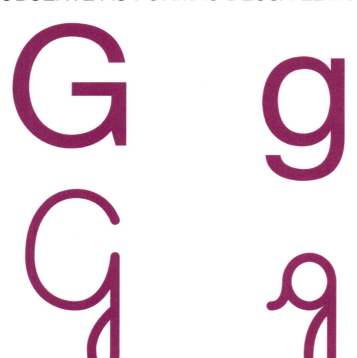

GATO

2. DIGA O NOME DAS FIGURAS A SEGUIR.

GARRAFA

GOIABA

GORILA

GUDE

3. OBSERVE AS SETAS E TREINE O TRAÇADO DA LETRA **G**. DEPOIS, ESCREVA A LETRA **G** ATÉ O FINAL DA LINHA SEM A AJUDA DO TRAÇADO.

4. PENSE EM UM NOME QUE COMEÇA COM O SOM DA LETRA **G**. DEPOIS, DESENHE-O NO QUADRO ABAIXO.

RESOLVENDO PROBLEMAS

ACOMPANHE A LEITURA DOS TEXTOS E OBSERVE AS ILUSTRAÇÕES.

CARLA TEM 7 BOLINHAS DE GUDE, MAS DARÁ 2 BOLINHAS PARA SEU AMIGO.

RAFAEL TEM 4 BOLINHAS DE GUDE, MAS SEU AMIGO VAI LHE DAR MAIS 2.

- Escreva o número de bolinhas que vai sobrar para Carla.
- Escreva o número de bolinhas que Rafael terá para brincar.
- Como você soube que número escrever em cada situação?

QUANTAS BOLINHAS?

OBSERVE A CENA A SEGUIR.

| 1 | 2 | 3 | 4 | 5 | 6 | 7 | 8 | 9 | 10 | 11 | 12 | 13 | 14 | 15 |

- Escreva quantas bolinhas de gude cada criança tem.
- Se elas juntarem todas as bolinhas de gude, quantas terão no total? Observe a sequência numérica e pinte a resposta.

A LETRA...

1. OUÇA O PROFESSOR DIZER O NOME DA LETRA ABAIXO. OBSERVE AS FORMAS DESSA LETRA.

HARPA

2. DIGA O NOME DAS FIGURAS A SEGUIR.

HELICÓPTERO

HIPOPÓTAMO

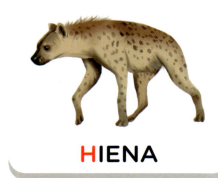

HIENA

HORTA

3. OBSERVE AS SETAS E TREINE O TRAÇADO DA LETRA **H**. DEPOIS, ESCREVA A LETRA **H** ATÉ O FINAL DA LINHA SEM A AJUDA DO TRAÇADO.

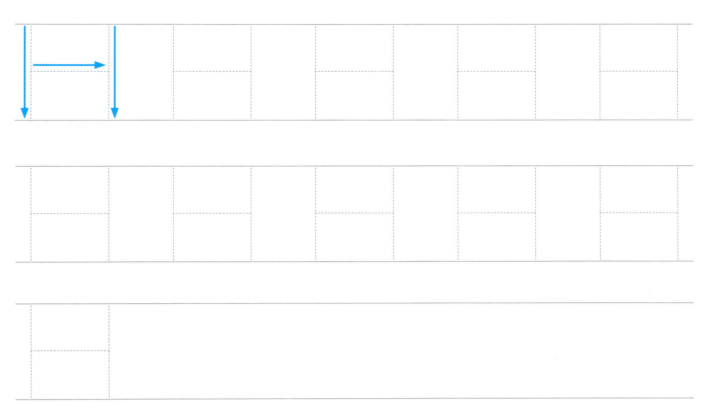

4. PENSE EM UM NOME QUE COMEÇA COM O SOM DA LETRA **H**. DEPOIS, DESENHE-O NO QUADRO ABAIXO.

A LETRA...

1. OUÇA O PROFESSOR DIZER O NOME DA LETRA ABAIXO. OBSERVE AS FORMAS DESSA LETRA.

I i

J i

IGUANA

2. DIGA O NOME DAS FIGURAS A SEGUIR.

ILHA

IGLU

IGREJA

IPÊ-AMARELO

3. OBSERVE A SETA E TREINE O TRAÇADO DA LETRA I. DEPOIS, ESCREVA A LETRA I ATÉ O FINAL DA LINHA SEM A AJUDA DO TRAÇADO.

4. PENSE EM UM NOME QUE COMEÇA COM O SOM DA LETRA I. DEPOIS, DESENHE-O NO QUADRO ABAIXO.

UNIDADE 4

JOÃO GULOSO

JOÃO GULOSO TRABALHAVA COMO MENSAGEIRO NO CONSULTÓRIO DO MÉDICO DA CIDADE.

UM DIA, FOI ENTREGAR UNS REMÉDIOS PARA A DONA QUITÉRIA, SENHORA QUE O DOUTOR ATENDIA SEMPRE. MUITO AGRADECIDA, A MULHER, CONHECIDA COMO EXCELENTE COZINHEIRA, PEDIU QUE JOÃO LEVASSE AO MÉDICO UMA BANDEJA DE DOCINHOS DE LEITE.

DOCINHOS DE LEITE? HUM... QUE SORTUDO ERA ESSE MÉDICO! JOÃO SE DESPEDIU E SAIU, SEGURANDO COM CUIDADO A BANDEJA COBERTA POR UM GUARDANAPO. E, NO CAMINHO, IA SÓ PENSANDO: "O DOUTOR É TÃO BOA PESSOA... TENHO CERTEZA DE QUE, QUANDO EU CHEGAR, ELE VAI DIVIDIR OS DOCINHOS COMIGO, POIS ISSO É MAIS DO QUE JUSTO. E QUANTOS DOCINHOS SERÁ QUE TEM NA BANDEJA?"

COM ÁGUA NA BOCA, JOÃO CONTOU OS DOCINHOS: TRINTA E DOIS. E TÃO BEM FEITINHOS, REDONDINHOS, AI, QUE TENTAÇÃO!

"BEM — CONTINUOU PENSANDO —, MINHA TAREFA É POUPAR TRABALHO AO DOUTOR. O COITADO VAI TER QUE CONTAR OS DOCES, FAZER A DIVISÃO. ENTÃO VOU AJUDÁ-LO. A METADE DE 32 É..."

E, ASSIM CALCULANDO, SENTOU-SE NUM BANCO DE PRAÇA E COMEU OS DEZESSEIS DOCINHOS, DELICIOSOS, COMO ELE IMAGINARA.

"QUE DELÍCIA! SIM, SENHOR, DONA QUITÉRIA CONTINUA ÓTIMA QUITUTEIRA. O DOUTOR VAI SE REGALAR COM ESSES DEZESSEIS DOCINHOS. MAS, PENSANDO BEM, QUANDO EU CHEGAR LÁ, CERTAMENTE ELE VAI QUERER DIVIDI-LOS COMIGO. ELE É TÃO GENEROSO... ACHO MELHOR EU IR ME ADIANTANDO."

MAIS UMA VEZ, O GULOSO PAROU E DIVIDIU OS DOCINHOS EM DUAS PARTES. E, NOVAMENTE, "PARA POUPAR TRABALHO AO DOUTOR", COMEU SUA METADE. E DEPOIS, DOS QUE SOBRARAM, ELE ACHOU MELHOR COMER A SUA PARTE, E ASSIM FOI, ATÉ QUE SÓ SOBROU UM ÚNICO DOCINHO NA BANDEJA.

ILUSTRAÇÕES: VICTOR TAVARES

CHEGANDO AO CONSULTÓRIO, JOÃO CHAMOU O MÉDICO E SOLENEMENTE LHE ENTREGOU A BANDEJA COM O DOCINHO QUE SOBRARA.

— MAS, JOÃO... — ESTRANHOU O DOUTOR.
— A DONA QUITÉRIA ME MANDOU APENAS UM DOCINHO? NESSA BANDEJA TÃO GRANDE?

UM POUCO ENVERGONHADO, JOÃO CONTOU-LHE O QUE FIZERA.

— JOÃO, VOCÊ COMEU MAIS DE TRINTA DOCINHOS? COMO VOCÊ PÔDE FAZER ISSO?

— COMO? — REPETIU JOÃO. — ORAS, POIS FOI ASSIM.

E MAIS DO QUE DEPRESSA, *NHOCT!*, CATOU O ÚLTIMO DOCINHO E O DEVOROU.

ROSANE PAMPLONA. JOÃO GULOSO. *HISTÓRIAS DE DAR ÁGUA NA BOCA*. SÃO PAULO: MODERNA, 2013. P. 48.

GLOSSÁRIO

POUPAR: ECONOMIZAR.

QUITUTEIRA: QUEM SABE PREPARAR PETISCOS E DOCES.

SOLENEMENTE: DE MODO SÉRIO, COM POMPA.

- Você gostou desse conto? O que você entendeu?
- O que o mensageiro fez com os docinhos que dona Quitéria enviou para o médico?
- Na sua opinião, o nome João Guloso combina com a atitude do mensageiro?

DOBRO

SIGA AS INSTRUÇÕES QUE O PROFESSOR VAI DAR.

COM UMA PORÇÃO DE MASSA DE MODELAR, FAÇA UMA BOLA E DESENHE-A AQUI.

COM OUTRAS PORÇÕES DE MASSA DE MODELAR, FAÇA DUAS BOLAS E DESENHE-AS AQUI.

- Observe os desenhos que você fez. Você concorda que um desenho mostra o **dobro** de bolas do outro desenho?
- Como você tem certeza disso?

METADE

SIGA AS INSTRUÇÕES QUE O PROFESSOR VAI DAR.

COM UMA PORÇÃO DE MASSA DE MODELAR, FAÇA UMA BOLA E DESENHE-A AQUI.

DIVIDA A BOLA NA **METADE**. DESENHE AS PARTES DA BOLA AQUI.

- No total, quantas partes você fez com a bola de massa de modelar?
- O que você aprendeu com essa atividade?

NO MERCADO

QUE PRODUTOS APARECEM NESTE FOLHETO DO SUPERMERCADO?
O PREÇO DELES É IGUAL OU DIFERENTE?

- Se você quiser comprar um pacote de jujubas, quantas moedas de 1 real você terá de dar ao caixa do supermercado?
- Anote sua resposta no quadro em branco.

A LETRA...

1. OUÇA O PROFESSOR DIZER O NOME DA LETRA ABAIXO. OBSERVE AS FORMAS DESSA LETRA.

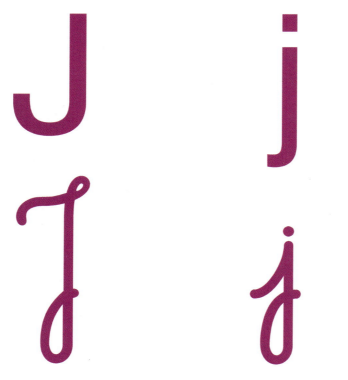

JANELA

2. DIGA O NOME DAS FIGURAS A SEGUIR.

JEGUE

JIPE

JOANINHA

JUIZ

3. OBSERVE A SETA E TREINE O TRAÇADO DA LETRA **J**. DEPOIS, ESCREVA A LETRA **J** ATÉ O FINAL DA LINHA SEM A AJUDA DO TRAÇADO.

4. PENSE EM UM NOME QUE COMEÇA COM O SOM DA LETRA **J**. DEPOIS, DESENHE-O NO QUADRO ABAIXO.

A LETRA...

1. OUÇA O PROFESSOR DIZER O NOME DA LETRA ABAIXO. OBSERVE AS FORMAS DESSA LETRA.

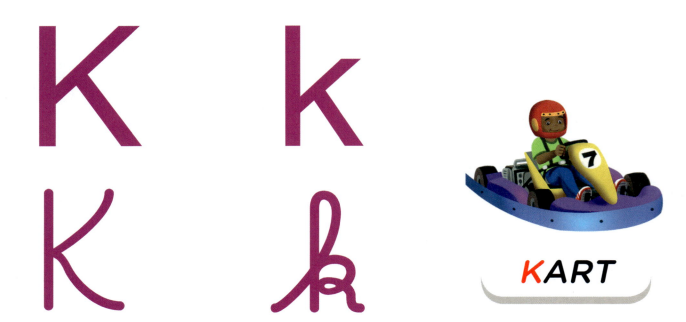

K k
K k

KART

2. DIGA O NOME DAS FIGURAS A SEGUIR.

KETCHUP

KIT

KIWI

KUNG FU

3. OBSERVE AS SETAS E TREINE O TRAÇADO DA LETRA **K**. DEPOIS, ESCREVA A LETRA **K** ATÉ O FINAL DA LINHA SEM A AJUDA DO TRAÇADO.

4. PENSE EM UM NOME QUE COMEÇA COM O SOM DA LETRA **K**. DEPOIS, DESENHE-O NO QUADRO ABAIXO.

NA FEIRA

OBSERVE A BARRACA DE FRUTAS DE JOÃO.

- Há quantas laranjas na barraca do João?
- Destaque as laranjas da página 127 e cole a quantidade que falta para João ter o **dobro** de laranjas.
- Após a colagem, pinte na sequência numérica a quantidade de laranjas com que João ficou.

JOGO DE TRILHA

NO TABULEIRO DESTE JOGO HÁ QUANTAS CASAS NUMERADAS?

- Escreva em cada quadro o número da casa correspondente no tabuleiro.
- Marque com um **X** a criança que está mais perto do final da trilha.
- Quantas casas faltam para ela ganhar o jogo? Como você chegou a essa conclusão?

A LETRA...

1. OUÇA O PROFESSOR DIZER O NOME DA LETRA ABAIXO. OBSERVE AS FORMAS DESSA LETRA.

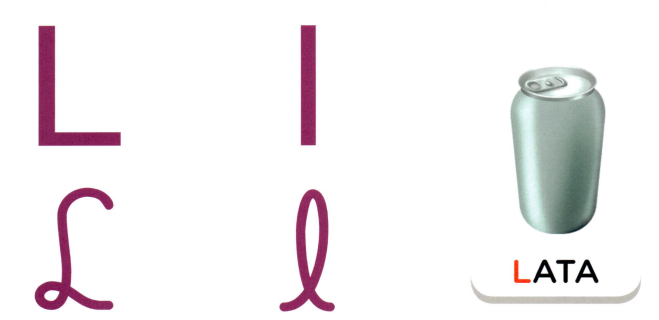

LATA

2. DIGA O NOME DAS FIGURAS A SEGUIR.

LEÃO

LIVRO

LOBO

LUA

3. OBSERVE AS SETAS E TREINE O TRAÇADO DA LETRA **L**. DEPOIS, ESCREVA A LETRA **L** ATÉ O FINAL DA LINHA SEM A AJUDA DO TRAÇADO.

4. PENSE EM UM NOME QUE COMEÇA COM O SOM DA LETRA **L**. DEPOIS, DESENHE-O NO QUADRO ABAIXO.

UNIDADE 5

A BONECA

DEIXANDO A BOLA E A PETECA
COM QUE INDA HÁ POUCO BRINCAVAM,
POR CAUSA DE UMA BONECA,
DUAS MENINAS BRIGAVAM.

DIZIA A PRIMEIRA: "É MINHA!"
— "É MINHA!" A OUTRA GRITAVA;
E NENHUMA SE CONTINHA,
NEM A BONECA LARGAVA.

QUEM MAIS SOFRIA (COITADA!)
ERA A BONECA. JÁ TINHA
TODA A ROUPA ESTRAÇALHADA,
E AMARROTADA A CARINHA.

CLAUDIA MARIANNO

TANTO PUXARAM POR ELA,
QUE A POBRE RASGOU-SE AO MEIO,
PERDENDO A ESTOPA AMARELA
QUE LHE FORMAVA O RECHEIO.

E, AO FIM DE TANTA FADIGA,
VOLTANDO À BOLA E À PETECA,
AMBAS, POR CAUSA DA BRIGA,
FICARAM SEM A BONECA...

OLAVO BILAC. A BONECA.
POESIAS INFANTIS. RIO DE JANEIRO: FRANCISCO ALVES, 1949. P. 31-32.

GLOSSÁRIO

AMARROTADA: AMASSADA.
ESTRAÇALHADA: DESPEDAÇADA.
FADIGA: TRABALHO, ESFORÇO.

- Você gostou desse poema? O que você entendeu?
- Qual é o motivo da briga entre as meninas?
- Segundo o texto, quem mais sofria com a briga? Por quê?

O BRINQUEDO FAVORITO DA TURMA

QUAL É O SEU BRINQUEDO FAVORITO? POR QUÊ? CONVERSE A RESPEITO COM OS COLEGAS.

- Você e seus colegas vão pensar nos brinquedos preferidos da turma.
- O professor vai anotar a lista de brinquedos escolhidos na lousa e cada criança vai votar naquele de que mais gosta.
- Depois, desenhe nesta página o brinquedo que ganhou a votação.

FIGURAS GEOMÉTRICAS

VOCÊ SABE O NOME DOS OBJETOS QUE APARECEM NA PRIMEIRA COLUNA DESTA PÁGINA? ELES TÊM FORMATOS PARECIDOS OU DIFERENTES?

BOLA

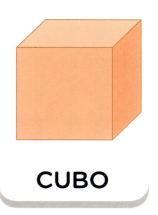

CUBO

DADO

CONE

CONE

ESFERA

- Ligue cada objeto à figura geométrica com a qual ele se parece.
- Seus colegas fizeram as mesmas escolhas que você?
- Qual será o nome das figuras geométricas que aparecem nesta página? Acompanhe a leitura das legendas e descubra.

BRINCAR DE RIMAR

OBSERVE AS FIGURAS. VOCÊ SABE O NOME DE CADA UMA DELAS?

- Em cada um dos três conjuntos, circule as figuras cujos nomes rimam entre si.
- Com a ajuda do professor e dos colegas, crie uma lista de palavras que rimam com **boneca**.

SE VOCÊ FOR INVENTOR, INVENTE

ACOMPANHE A LEITURA DE UM POEMA.

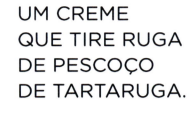

UM CREME
QUE TIRE RUGA
DE PESCOÇO
DE TARTARUGA.

UM PENTE
QUE PENTEIE SOZINHO
LOMBO
DE PORCO-ESPINHO.

E UM LENÇO
FORTE BASTANTE
PARA ASSOAR TROMBA
DE...

JOSÉ PAULO PAES. SE VOCÊ FOR INVENTOR, INVENTE. *LÉ COM CRÉ*. SÃO PAULO: ÁTICA, 2002. (TEXTO ADAPTADO)

ELEFANTE

ANTA

- Você gostou desse poema? O que você entendeu?
- Qual palavra do poema rima com **ruga**? E com **sozinho**?
- Qual nome de animal rima com a palavra **bastante**: anta ou elefante? Assinale a resposta.

A LETRA...

1. OUÇA O PROFESSOR DIZER O NOME DA LETRA ABAIXO. OBSERVE AS FORMAS DESSA LETRA.

MAMÃO

2. DIGA O NOME DAS FIGURAS A SEGUIR.

MESA

MILHO

MOCHILA

MULETA

3. OBSERVE AS SETAS E TREINE O TRAÇADO DA LETRA **M**. DEPOIS, ESCREVA A LETRA **M** ATÉ O FINAL DA LINHA SEM A AJUDA DO TRAÇADO.

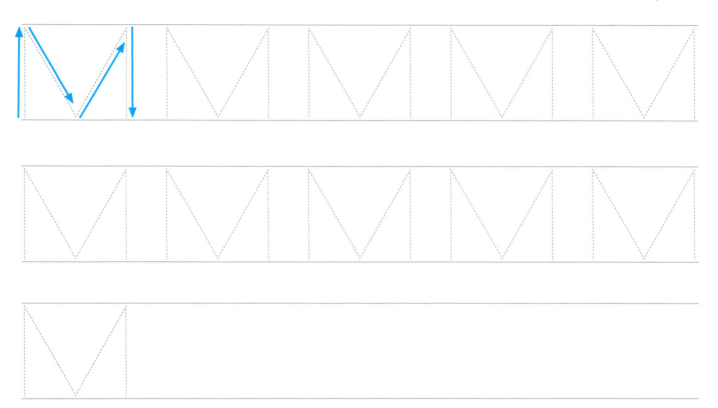

4. PENSE EM UM NOME QUE COMEÇA COM O SOM DA LETRA **M**. DEPOIS, DESENHE-O NO QUADRO ABAIXO.

A LETRA...

1. OUÇA O PROFESSOR DIZER O NOME DA LETRA ABAIXO. OBSERVE AS FORMAS DESSA LETRA.

N n
𝓝 𝓷

NAVIO

2. DIGA O NOME DAS FIGURAS A SEGUIR.

NENÉM

NINHO

NOVELO

NUVEM

3. OBSERVE AS SETAS E TREINE O TRAÇADO DA LETRA **N**. DEPOIS, ESCREVA A LETRA **N** ATÉ O FINAL DA LINHA SEM A AJUDA DO TRAÇADO.

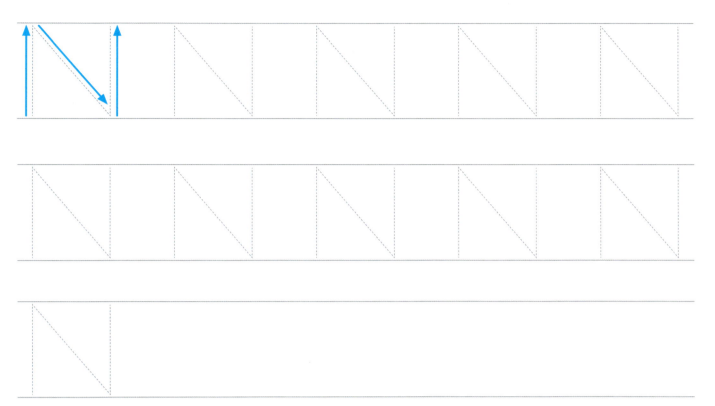

4. PENSE EM UM NOME QUE COMEÇA COM O SOM DA LETRA **N**. DEPOIS, DESENHE-O NO QUADRO ABAIXO.

A LETRA...

1. OUÇA O PROFESSOR DIZER O NOME DA LETRA ABAIXO. OBSERVE AS FORMAS DESSA LETRA.

OVELHA

2. DIGA O NOME DAS FIGURAS A SEGUIR.

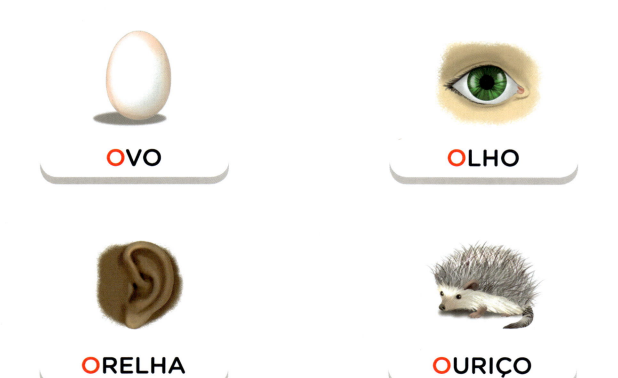

OVO

OLHO

ORELHA

OURIÇO

3. OBSERVE A SETA E TREINE O TRAÇADO DA LETRA **O**. DEPOIS, ESCREVA A LETRA **O** ATÉ O FINAL DA LINHA SEM A AJUDA DO TRAÇADO.

4. PENSE EM UM NOME QUE COMEÇA COM O SOM DA LETRA **O**. DEPOIS, DESENHE-O NO QUADRO ABAIXO.

RECEITA DO VOVÔ

IVAN E SEU AVÔ ESTÃO PREPARANDO UMA RECEITA DE BOLO.

| 1 | 2 | 3 | 4 | 5 | 6 | 7 | 8 | 9 | 10 | 11 | 12 | 13 | 14 | 15 | 16 | 17 | 18 | 19 | 20 |

- Na caixa há **uma dúzia** de ovos. Pinte na sequência numérica o número que representa essa quantidade.
- Para preparar a receita, Ivan precisa separar **metade** dos ovos da caixa. Quantos ovos o menino vai separar?
- Pinte na caixa a quantidade de ovos que Ivan vai separar.

RESOLVENDO PROBLEMAS

O QUE VOCÊ VÊ EM CADA UMA DESTAS CENAS?

- Numere as cenas de acordo com a ordem dos acontecimentos.
- Se o menino quiser construir o **dobro** de chocalhos, de quantas garrafas ele vai precisar? Escreva ou desenhe sua resposta no quadro.

A LETRA...

1. OUÇA O PROFESSOR DIZER O NOME DA LETRA ABAIXO. OBSERVE AS FORMAS DESSA LETRA.

PATO

2. DIGA O NOME DAS FIGURAS A SEGUIR.

PETECA

PIPOCA

POTE

PUDIM

3. OBSERVE AS SETAS E TREINE O TRAÇADO DA LETRA **P**. DEPOIS, ESCREVA A LETRA **P** ATÉ O FINAL DA LINHA SEM A AJUDA DO TRAÇADO.

4. PENSE EM UM NOME QUE COMEÇA COM O SOM DA LETRA **P**. DEPOIS, DESENHE-O NO QUADRO ABAIXO.

UNIDADE 6

O LEÃO E O RATINHO

UM LEÃO ESTAVA DORMINDO TRANQUILAMENTE QUANDO UM RATO VEIO BRINCAR AO SEU REDOR. COM SEUS SALTOS E BRINCADEIRAS ACORDOU O LEÃO, QUE RAPIDAMENTE O PEGOU PARA COMÊ-LO. O RATO, MUITO ASSUSTADO, PEDIU-LHE PERDÃO, PROMETENDO AJUDÁ-LO QUANDO ELE PRECISASSE. O LEÃO COMEÇOU A RIR E DEIXOU O PEQUENO ANIMAL PARTIR, ACHANDO QUE ISSO NUNCA PODERIA ACONTECER. COMO UM ANIMAL TÃO PEQUENO E FRACO PODERIA AJUDAR UM FORTE LEÃO?

POUCOS DIAS DEPOIS, O LEÃO ESTAVA ANDANDO E CAIU NA REDE DE UNS CAÇADORES. O RATINHO LOGO SOUBE DO QUE ESTAVA ACONTECENDO E CORREU PARA AJUDÁ-LO, A FIM DE RETRIBUIR O FAVOR QUE PROMETERA. SUBIU NA REDE E COMEÇOU A ROER AS CORDAS, LIBERTANDO O LEÃO, QUE FUGIU PARA A FLORESTA.

GLOSSÁRIO
RETRIBUIR: PAGAR.

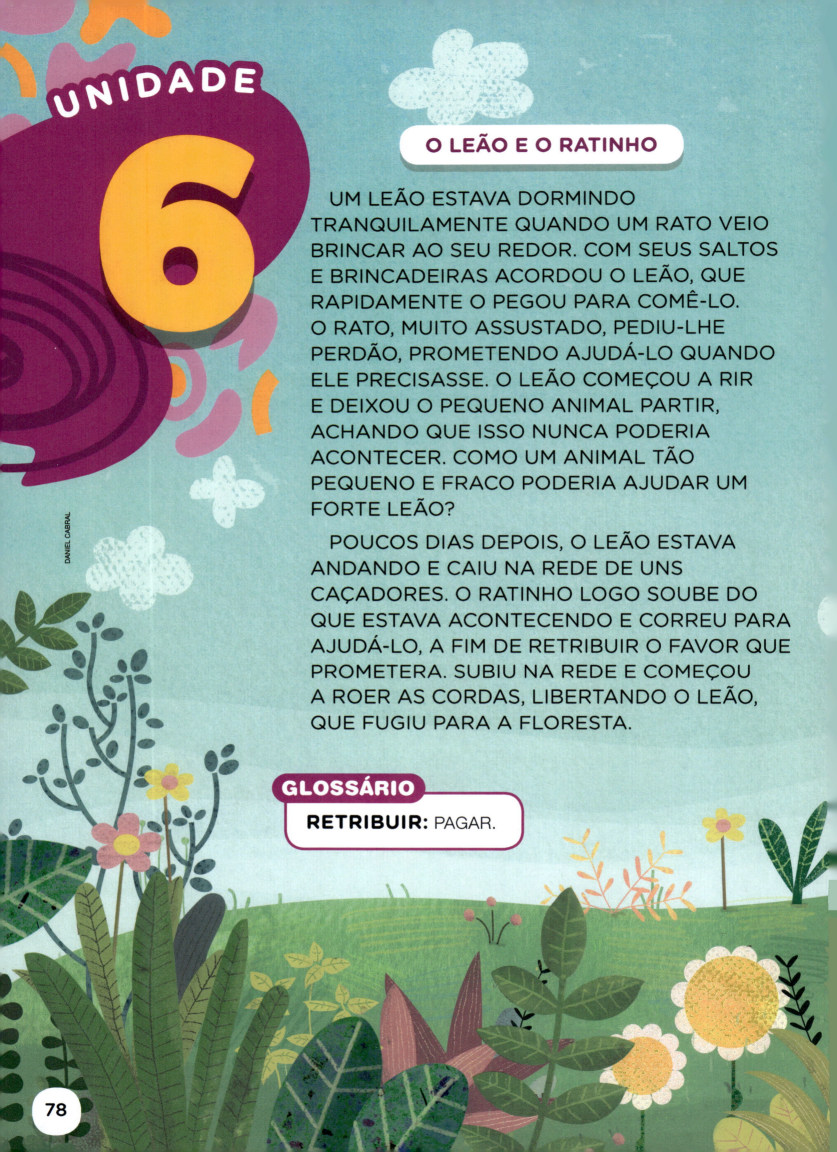

MORAL DA HISTÓRIA: [...] NÃO HÁ QUEM, POR MENOR E MAIS FRACO [QUE SEJA], NÃO TENHA SUA HORA DE FORÇA E IMPORTÂNCIA.

ADAPTAÇÃO DE JUSTINIANO JOSÉ DA ROCHA. O LEÃO E O RATINHO. EM: SANDRA PULIEZI. *CONHECENDO AS LETRAS E OS SONS*. 2. ED. SÃO PAULO: [S. N.], 2018. P. 125.

- Você gostou dessa fábula? O que você entendeu?
- Por que o leão riu do ratinho? O que aconteceu depois disso?
- Você concorda com a moral dessa fábula?

QUEBRA-CABEÇA

VOCÊ JÁ BRINCOU DE MONTAR UM QUEBRA-CABEÇA ALGUMA VEZ? E SEUS COLEGAS?

- Destaque as peças da página 129 e observe-as.
- Encaixe as peças destacadas de modo a formar uma imagem. O que você vê nela?
- Depois que tiver montado a imagem corretamente, cole as peças nesta página.

GRANDE OU PEQUENO?

NA FÁBULA QUE VOCÊ CONHECEU, O RATINHO ERA PEQUENO EM RELAÇÃO AO LEÃO. OBSERVE AS CENAS ABAIXO.

- Quais animais aparecem nas cenas?
- Em cada uma das cenas, circule o animal **pequeno**.
- Que outros animais você conhece que são **menores** do que um rato? E **maiores**?

A LETRA...

1. OUÇA O PROFESSOR DIZER O NOME DA LETRA ABAIXO. OBSERVE AS FORMAS DESSA LETRA.

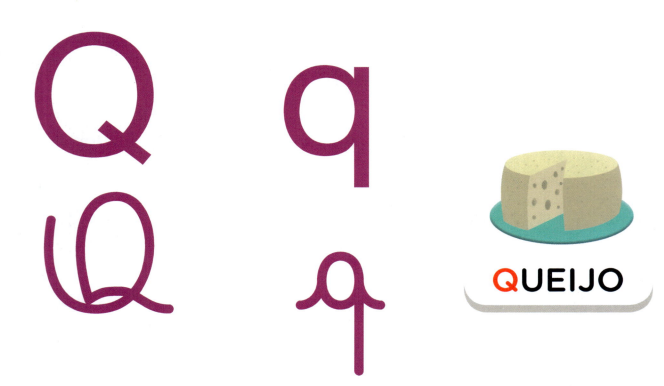

QUEIJO

2. DIGA O NOME DAS FIGURAS A SEGUIR.

QUEBRA-CABEÇA

QUIABO

QUEIXADA

QUINDIM

3. OBSERVE AS SETAS E TREINE O TRAÇADO DA LETRA **Q**. DEPOIS, ESCREVA A LETRA **Q** ATÉ O FINAL DA LINHA SEM A AJUDA DO TRAÇADO.

4. PENSE EM UM NOME QUE COMEÇA COM O SOM DA LETRA **Q**. DEPOIS, DESENHE-O NO QUADRO ABAIXO.

QUANTO VALE?

OBSERVE AS CÉDULAS ABAIXO. VOCÊ SABE QUANTO VALE CADA UMA DELAS?

- Destaque as moedas da página 131. Quanto vale cada uma dessas moedas?
- Em cada quadro, cole a quantidade de moedas que somam o valor correspondente à cédula ao lado.

NA PADARIA

LUCAS E SUA MÃE ESTÃO NA PADARIA ESCOLHENDO SOBREMESAS.

- Qual é o preço do quindim **pequeno**?
- E qual é o preço de uma torta **pequena**?
- Se eles comprarem duas tortas pequenas e dois quindins pequenos, quanto vão pagar no total?

A LETRA...

1. OUÇA O PROFESSOR DIZER O NOME DA LETRA ABAIXO. OBSERVE AS FORMAS DESSA LETRA.

R r

R r

RAPOSA

2. DIGA O NOME DAS FIGURAS A SEGUIR.

RELÓGIO

RIO

ROSA

RUBI

3. OBSERVE AS SETAS E TREINE O TRAÇADO DA LETRA **R**. DEPOIS, ESCREVA A LETRA **R** ATÉ O FINAL DA LINHA SEM A AJUDA DO TRAÇADO.

4. PENSE EM UM NOME QUE COMEÇA COM O SOM DA LETRA **R**. DEPOIS, DESENHE-O NO QUADRO ABAIXO.

TRAVA-LÍNGUA

ACOMPANHE A LEITURA QUE O PROFESSOR VAI FAZER DE UM TRAVA-LÍNGUA.

O RATO ROEU A ROUPA DO REI DE ROMA.

DA TRADIÇÃO POPULAR.

- Recite o trava-língua com a ajuda do professor e dos colegas.
- Quais palavras desse texto começam com o mesmo som?
- Com a ajuda do professor e dos colegas, pense em outra palavra que comece com o mesmo som de **rato**.

O SOM DO COMEÇO DAS PALAVRAS

OBSERVE AS FIGURAS. VOCÊ SABE O NOME DE CADA UMA DELAS?

- Ligue as figuras cujos nomes começam com o mesmo som.
- Com a ajuda do professor e dos colegas, crie uma lista de palavras que começam com o mesmo som da palavra **fogueira**.

A LETRA...

1. OUÇA O PROFESSOR DIZER O NOME DA LETRA ABAIXO. OBSERVE AS FORMAS DESSA LETRA.

SAPO

2. DIGA O NOME DAS FIGURAS A SEGUIR.

SEREIA

SINO

SOL

SUCO

3. OBSERVE A SETA E TREINE O TRAÇADO DA LETRA **S**. DEPOIS, ESCREVA A LETRA **S** ATÉ O FINAL DA LINHA SEM A AJUDA DO TRAÇADO.

4. PENSE EM UM NOME QUE COMEÇA COM O SOM DA LETRA **S**. DEPOIS, DESENHE-O NO QUADRO ABAIXO.

UNIDADE 7

A FESTA DO TIGRE E OS SEUS CONVIDADOS

DANTES, OS BICHOS ERAM COMPADRES ENTRE SI. O TIGRE FEZ UMA FESTA E CONVIDOU O COMPADRE MACACO, O COMPADRE VEADO, O COMPADRE CARNEIRO E TODOS OS OUTROS. CHEGARAM TODOS. O TIGRE PERGUNTOU AO MACACO SE ELE SABIA TOCAR E CANTAR. COMPADRE MACACO DISSE QUE SIM, QUE SABIA. O TIGRE PEGOU UMA VIOLA E DEU AO MACACO. PEGOU OUTRA E CANTOU:

— *CORRA A RODA DO BAMBUÁ.*
FUI PEGAR CAÇA NO MATO,
EM CASA VIM ACHÁ.

O MACACO PERCEBEU QUE O TIGRE QUERIA COMER OS BICHOS E RESPONDEU:

— *CORRA A RODA DO BAMBUÁ*
QUEM TIVER AS PERNAS CURTAS
QUE VÁ SAINDO JÁ.

OS BICHOS, QUE ESTAVAM GIRANDO EM RODA, IAM INDO, IAM INDO E SE ESCAPAVAM. O TIGRE CANTAVA COM OS OLHOS MEIO FECHADOS E NÃO VIA. FORAM REPETINDO OS VERSOS O TIGRE E O MACACO. OS BICHOS CHEGAVAM AO RIO E NADAVAM PARA A OUTRA BANDA E ESTAVAM LIVRES. O CARNEIRO PREGUIÇOSO SAIU JÁ NO FIM, E ASSIM MESMO NÃO TEVE CORAGEM DE ATRAVESSAR O RIO. COBRIU-SE COM A AREIA E FICOU QUE NEM UMA PEDRA.

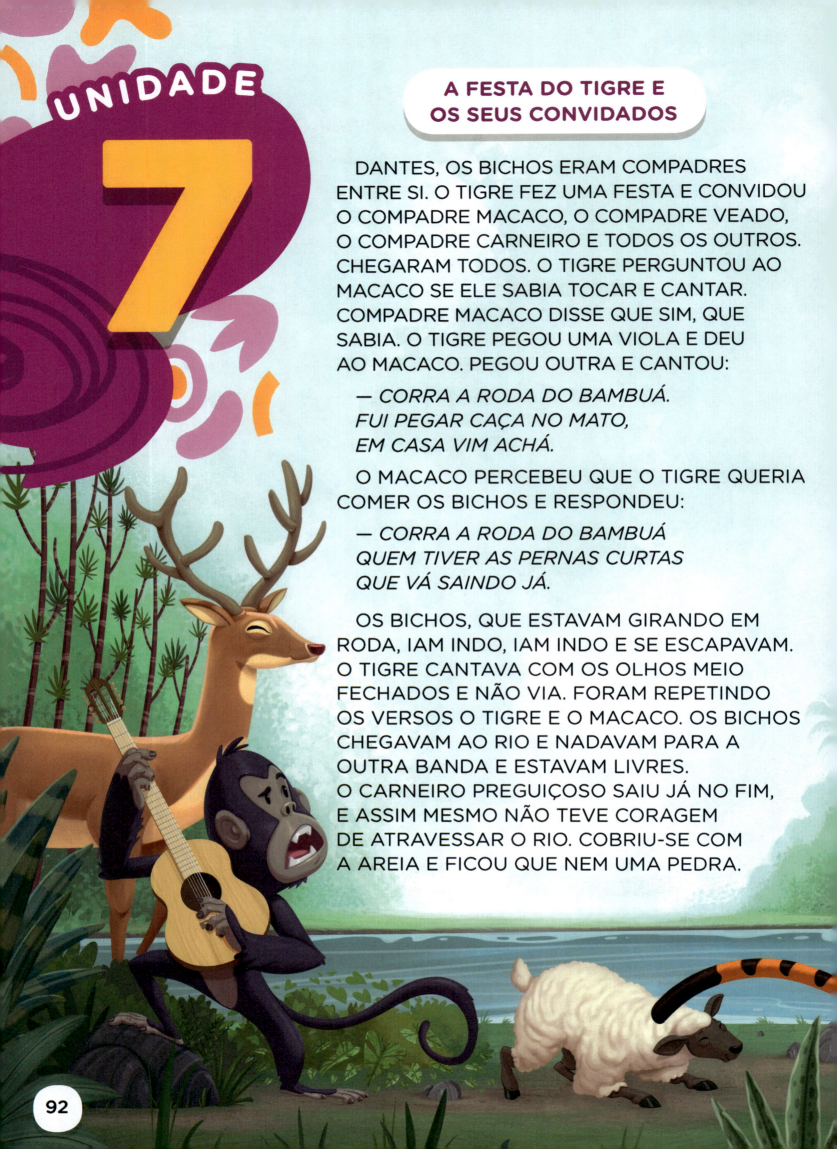

ENTÃO O TIGRE ABRIU OS OLHOS E VIU QUE DOS SEUS CONVIDADOS RESTAVAM O MACACO E O VEADO. OLHOU PARA O MACACO, OLHOU PARA O VEADO, E NÃO SABIA QUEM PEGAR: O VEADO MUITO LIGEIRO, O MACACO MUITO ESPERTO. PULOU EM CIMA DO MACACO, O MACACO SUBIU NA ÁRVORE E FEZ: FIU-FI-FIU! O TIGRE CORREU ATRÁS DO VEADO. QUANTO MAIS O TIGRE CORRIA, TANTO MAIS O VEADO PULAVA.

O VEADO ATRAVESSOU O RIO, E O TIGRE FICOU PARADO, BUFANDO. O VEADO GRITOU A ELE, DE LÁ:

— ESTÁ MUITO BRAVO COMIGO, ME MATE! PEGUE ESSA PEDRA AÍ E ATIRE EM MIM!

O TIGRE PEGOU A PEDRA E JOGOU. O CARNEIRO, JÁ DO OUTRO LADO, POIS A PEDRA ERA ELE, GRITOU:

— MUITO OBRIGADO! — E FOI PARA O CURRAL, ENQUANTO O VEADO FOI PARA A SUA ZONA.

HENRIQUETA LISBOA. A FESTA DO TIGRE E OS SEUS CONVIDADOS. *LITERATURA ORAL PARA A INFÂNCIA E A JUVENTUDE*. SÃO PAULO: PEIRÓPOLIS, 2002. P. 188-189.

PAULO VISGUEIRO

GLOSSÁRIO

ACHÁ: ACHAR.
BAMBUÁ: BAMBUAL, AGLOMERADO DE BAMBUS.
BANDA: LADO.
COMPADRE: VIZINHO, AMIGO.
DANTES: ANTIGAMENTE.

- Você gostou desse conto? O que você entendeu?
- Há alguma palavra do conto cujo significado você não entendeu? Se sim, que palavra é essa?
- Por que o macaco suspeitou que o tigre queria comer os animais convidados?

ORDENE A HISTÓRIA

DESTAQUE DA PÁGINA 133 AS CENAS DO CONTO *A FESTA DO TIGRE E OS SEUS CONVIDADOS*.

- Organize as cenas segundo a ordem dos acontecimentos da história e cole-as nesta página.
- Com seus colegas, reconte a história *A festa do tigre e os seus convidados*.

QUANTOS VÃO SOBRAR?

OBSERVE A IMAGEM. O QUE ESTÁ ACONTECENDO?

- Quantas pessoas há nessa festa?
- Se quatro convidados forem embora, quantas pessoas vão sobrar na festa? Escreva a quantidade no quadro em branco.

A LETRA...

1. OUÇA O PROFESSOR DIZER O NOME DA LETRA ABAIXO. OBSERVE AS FORMAS DESSA LETRA.

TATU

2. DIGA O NOME DAS FIGURAS A SEGUIR.

TESOURA

TIGRE

TOMATE

TUBARÃO

3. OBSERVE AS SETAS E TREINE O TRAÇADO DA LETRA **T**. DEPOIS, ESCREVA A LETRA **T** ATÉ O FINAL DA LINHA SEM A AJUDA DO TRAÇADO.

4. PENSE EM UM NOME QUE COMEÇA COM O SOM DA LETRA **T**. DEPOIS, DESENHE-O NO QUADRO ABAIXO.

DOBRADURA

COM A AJUDA DO PROFESSOR, SIGA O PASSO A PASSO DESTA PÁGINA E FAÇA UMA DOBRADURA DE TIGRE.

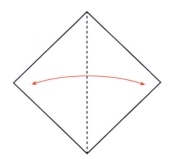
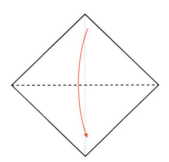
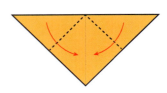

1. DOBRE O PAPEL AO MEIO, NA VERTICAL, E DESDOBRE.
2. DOBRE O PAPEL AO MEIO, NA HORIZONTAL.
3. DOBRE AS PONTAS ATÉ A MARCA CENTRAL DO PAPEL.

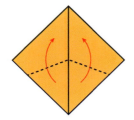
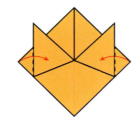

4. DOBRE AS PONTAS PARA CIMA.
5. DOBRE AS LATERAIS COMO INDICADO.
6. DOBRE A PONTA PARA BAIXO.

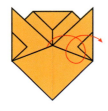
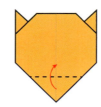
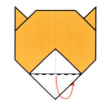

7. VIRE O PAPEL.
8. DOBRE APENAS UMA DAS PONTAS PARA CIMA.
9. DOBRE A PONTA RESTANTE PARA TRÁS.

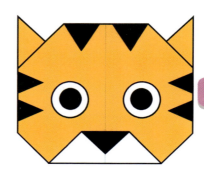

10. DOBRE A PONTINHA PARA BAIXO.
11. DESENHE O ROSTO E AS LISTRAS DO TIGRE.

ILUSTRAÇÕES: BENTINHO

- Você já tinha feito uma dobradura de papel antes?
- O que os números desse passo a passo indicam?

QUANTOS CARNEIROS?

OBSERVE A IMAGEM. O QUE ESTÁ ACONTECENDO?

- Quantos carneiros estão **dentro** do cercado? Escreva esse número no quadro correspondente.
- Quantos carneiros estão **fora** do cercado? Escreva esse número no quadro correspondente.
- Agora, escreva no quadro maior o número total de carneiros que aparecem na cena.

A LETRA...

1. OUÇA O PROFESSOR DIZER O NOME DA LETRA ABAIXO. OBSERVE AS FORMAS DESSA LETRA.

URUBU

2. DIGA O NOME DAS FIGURAS A SEGUIR.

UVA

URSO

UNIFORME

UNHA

ILUSTRAÇÕES: CLAUDIA MARIANNO

3. OBSERVE A SETA E TREINE O TRAÇADO DA LETRA **U**. DEPOIS, ESCREVA A LETRA **U** ATÉ O FINAL DA LINHA SEM A AJUDA DO TRAÇADO.

4. PENSE EM UM NOME QUE COMEÇA COM O SOM DA LETRA **U**. DEPOIS, DESENHE-O NO QUADRO ABAIXO.

A LETRA...

1. OUÇA O PROFESSOR DIZER O NOME DA LETRA ABAIXO. OBSERVE AS FORMAS DESSA LETRA.

VACA

2. DIGA O NOME DAS FIGURAS A SEGUIR.

VELA

VIOLÃO

VOVÔ

VULCÃO

3. OBSERVE AS SETAS E TREINE O TRAÇADO DA LETRA **V**. DEPOIS, ESCREVA A LETRA **V** ATÉ O FINAL DA LINHA SEM A AJUDA DO TRAÇADO.

4. PENSE EM UM NOME QUE COMEÇA COM O SOM DA LETRA **V**. DEPOIS, DESENHE-O NO QUADRO ABAIXO.

UNIDADE 8

O MAGUARI E O SONO

O PÁSSARO MAGUARI, QUE EM ALGUNS LUGARES DA AMAZÔNIA TAMBÉM É CONHECIDO COMO CAUAUÃ, RESOLVEU MATAR O SONO, PARA NUNCA MAIS PRECISAR DORMIR. PARA ISSO, DECIDIU-SE ESPERAR PELO SONO PACIENTEMENTE POUSADO EM UM GALHO DE ÁRVORE.

— QUANDO O SONO VIER, PEGO ELE NO BICO — PENSOU.

O MAGUARI ESPEROU, ESPEROU, ESPEROU. ATÉ QUE VIU UMA SOMBRA ESCURA SE APROXIMANDO. DEIXOU QUE SE APROXIMASSE MAIS PARA PEGÁ-LA. ESPEROU. ESPEROU. ATÉ QUE, SEM PERCEBER, CAIU NO SONO E ACORDOU ASSUSTADO, BATENDO AS ASAS E GRITANDO:

— CUÁ! CUÁ! CUÁ!

POUSANDO EM OUTRO GALHO, DISSE PARA SI MESMO:

— PUXA, EU NÃO PERCEBI O MOMENTO EM QUE COCHILEI! MAS AGORA EU VOU FICAR BEM ACORDADO E MATAR O SONO — PROMETEU O MAGUARI, ARREGALANDO SEUS OLHOS O MAIS QUE PODIA.

E ASSIM, BEM ACORDADO DESTA VEZ, ESPEROU PELO SONO, QUE NÃO DEMOROU MUITO E SURGIU. O MAGUARI FICOU IMÓVEL, DE TOCAIA, ESPERANDO QUE O VULTO ESCURO SE APROXIMASSE PARA BICÁ-LO. ATÉ QUE, SEM PERCEBER, DORMIU NOVAMENTE. E ACORDOU DE NOVO ASSUSTADO, VOANDO E BERRANDO:

— CUÁ! CUÁ! CUÁ!

E, DIZEM, ATÉ HOJE O MAGUARI CONTINUA ACORDANDO ASSUSTADO, DEPOIS DE PERCEBER QUE MAIS UMA VEZ FOI ENGANADO PELO SONO...

NOTA DO AUTOR: O MAGUARI É UMA AVE PERNALTA, PARECIDA COM UMA CEGONHA, E QUE TAMBÉM É CONHECIDA COMO CAUAUÃ OU CAUAUÁ. ESTE NOME, POR SINAL, REPRODUZ O SOM EMITIDO PELA AVE NO CONTO AO DESPERTAR ASSUSTADA, SEMPRE ENGANADA PELO SONO.

RICARDO PRADO. O MAGUARI E O SONO. *NO MEIO DA BICHARADA*. SÃO PAULO: MODERNA, 2014. P. 52.

GLOSSÁRIO

ARREGALADO: MUITO ABERTO, ESBUGALHADO.
DE TOCAIA: ESCONDIDO PARA ATACAR.
VULTO: FIGURA SEM DEFINIÇÃO.

- Você gostou desse conto? O que você entendeu?
- Há alguma palavra do conto cujo significado você não entendeu? Se sim, que palavra é essa?
- O que você costuma fazer quando quer "matar o sono"?

DIA OU NOITE?

QUAIS SÃO AS ATIVIDADES QUE VOCÊ FAZ DURANTE O DIA? HÁ ALGUMA ATIVIDADE QUE VOCÊ SÓ FAZ À NOITE?

ATIVIDADES REALIZADAS DURANTE O DIA

ATIVIDADES REALIZADAS DURANTE A NOITE

- Destaque as cenas da página 135 e observe-as. O que está acontecendo em cada uma delas?
- Cole no primeiro quadro as cenas que mostram atividades que a criança realiza durante o **dia**.
- No segundo quadro, cole as cenas que mostram atividades que a criança realiza durante a **noite**.

OBSERVAÇÃO DO CÉU

OBSERVE O CÉU E DESENHE O QUE VOCÊ VÊ.

- Você observou e desenhou o céu durante o **dia** ou durante a **noite**?
- Explique para o professor e os colegas o que você representou no seu desenho.

A LETRA...

1. OUÇA O PROFESSOR DIZER O NOME DA LETRA ABAIXO. OBSERVE AS FORMAS DESSA LETRA.

WAFER

2. DIGA O NOME DAS FIGURAS A SEGUIR.

WALKIE-TALKIE

WEBCAM

WI-FI

WINDSURFE

3. OBSERVE AS SETAS E TREINE O TRAÇADO DA LETRA **W**. DEPOIS, ESCREVA A LETRA **W** ATÉ O FINAL DA LINHA SEM A AJUDA DO TRAÇADO.

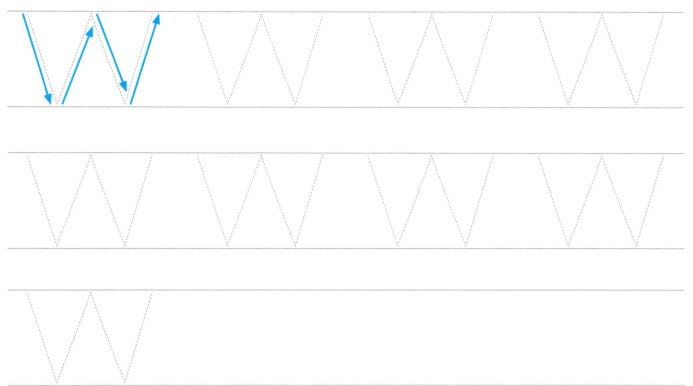

4. PENSE EM UM NOME QUE COMEÇA COM O SOM DA LETRA **W**. DEPOIS, DESENHE-O NO QUADRO ABAIXO.

A LETRA...

1. OUÇA O PROFESSOR DIZER O NOME DA LETRA ABAIXO. OBSERVE AS FORMAS DESSA LETRA.

X x

XADREZ

2. DIGA O NOME DAS FIGURAS A SEGUIR.

XAMPU

XERIFE

XÍCARA

XILOFONE

3. OBSERVE AS SETAS E TREINE O TRAÇADO DA LETRA **X**. DEPOIS, ESCREVA A LETRA **X** ATÉ O FINAL DA LINHA SEM A AJUDA DO TRAÇADO.

4. PENSE EM UM NOME QUE COMEÇA COM O SOM DA LETRA **X**. DEPOIS, DESENHE-O NO QUADRO ABAIXO.

COMO ESTÁ O TEMPO ATMOSFÉRICO?

COM A AJUDA DO PROFESSOR E DOS COLEGAS, OBSERVE O TEMPO ATMOSFÉRICO DURANTE 5 DIAS.

DIA 1

DIA 2

DIA 3

DIA 4

DIA 5

LEGENDA

 ENSOLARADO

 NUBLADO

 CHUVOSO

Seguindo as informações da legenda, registre como estava o tempo atmosférico durante os dias observados.

ENSOLARADO, NUBLADO OU CHUVOSO?

VOCÊ GOSTA MAIS DE DIAS ENSOLARADOS, NUBLADOS OU CHUVOSOS? POR QUÊ?

- Acompanhe as instruções do professor e complete o gráfico.
- Nesse período, houve mais dias **ensolarados**, **nublados** ou **chuvosos**?

A LETRA...

1. OUÇA O PROFESSOR DIZER O NOME DA LETRA ABAIXO. OBSERVE AS FORMAS DESSA LETRA.

YAKIMESHI

2. DIGA O NOME DAS FIGURAS A SEGUIR.

YAKISOBA

YIN-YANG

YOGA

YORKSHIRE

ILUSTRAÇÕES: CLAUDIA MARIANNO

3. OBSERVE AS SETAS E TREINE O TRAÇADO DA LETRA **Y**. DEPOIS, ESCREVA A LETRA **Y** ATÉ O FINAL DA LINHA SEM A AJUDA DO TRAÇADO.

4. PENSE EM UM NOME QUE COMEÇA COM O SOM DA LETRA **Y**. DEPOIS, DESENHE-O NO QUADRO ABAIXO.

A LETRA...

1. OUÇA O PROFESSOR DIZER O NOME DA LETRA ABAIXO. OBSERVE AS FORMAS DESSA LETRA.

Z z

𝒵 𝓏

ZABUMBA

2. DIGA O NOME DAS FIGURAS A SEGUIR.

ZEBRA

ZÍPER

ZOOLÓGICO

ZUMBI

ILUSTRAÇÕES: CLAUDIA MARIANNO

3. OBSERVE AS SETAS E TREINE O TRAÇADO DA LETRA **Z**. DEPOIS, ESCREVA A LETRA **Z** ATÉ O FINAL DA LINHA SEM A AJUDA DO TRAÇADO.

4. PENSE EM UM NOME QUE COMEÇA COM O SOM DA LETRA **Z**. DEPOIS, DESENHE-O NO QUADRO ABAIXO.

REFERÊNCIAS BIBLIOGRÁFICAS

BRASIL. *BASE NACIONAL COMUM CURRICULAR*: EDUCAÇÃO INFANTIL E ENSINO FUNDAMENTAL. BRASÍLIA: MEC/SECRETARIA DE EDUCAÇÃO BÁSICA, 2018. DISPONÍVEL EM: <http://basenacionalcomum.mec.gov.br/images/BNCC_EI_EF_110518_versaofinal_site.pdf>. ACESSO EM: 23 ABR. 2021.

BRASIL. *DIRETRIZES CURRICULARES NACIONAIS PARA A EDUCAÇÃO INFANTIL*. BRASÍLIA: MEC/SECRETARIA DE EDUCAÇÃO BÁSICA, 2010.

BRASIL. *LEI DE DIRETRIZES E BASES DA EDUCAÇÃO NACIONAL*. LEI Nº 9.394, DE 20 DE DEZEMBRO DE 1996. BRASÍLIA, 1996. DISPONÍVEL EM: <http://www.planalto.gov.br/ccivil_03/leis/l9394.htm>. ACESSO EM: 23 ABR. 2021.

BRASIL. *PNA*: POLÍTICA NACIONAL DE ALFABETIZAÇÃO. BRASÍLIA: MEC/SECRETARIA DE ALFABETIZAÇÃO, 2019. DISPONÍVEL EM: <http://portal.mec.gov.br/images/banners/caderno_pna_final.pdf>. ACESSO EM: 23 ABR. 2021.

CAGLIARI, L. C. *ANÁLISE FONOLÓGICA*: INTRODUÇÃO À TEORIA E À PRÁTICA, COM ESPECIAL DESTAQUE PARA O MODELO FONÊMICO. CAMPINAS/SP: MERCADO DAS LETRAS, 2002.

CAPOVILLA, A. G. S.; GÜSTSCHOW, C. R. D.; CAPOVILLA, F. C. HABILIDADES COGNITIVAS QUE PREDIZEM COMPETÊNCIA DE LEITURA E ESCRITA. *PSICOLOGIA*: TEORIA E PRÁTICA, 2004. V. 6, N. 2, P. 13-26. DISPONÍVEL EM: <http://pepsic.bvsalud.org/pdf/ptp/v6n2/v6n2a02.pdf>. ACESSO EM: 23 ABR. 2021.

DEHAENE, S. *OS NEURÔNIOS DA LEITURA*: COMO A CIÊNCIA EXPLICA A NOSSA CAPACIDADE DE LER. TRADUÇÃO: LEONOR SCLIAR-CABRAL. PORTO ALEGRE: PENSO, 2012.

SCLIAR-CABRAL, L. *SISTEMA SCLIAR DE ALFABETIZAÇÃO*: FUNDAMENTOS. FLORIANÓPOLIS: LILI, 2013.

VIGOTSKI, L. S. *A FORMAÇÃO SOCIAL DA MENTE*: O DESENVOLVIMENTO DOS PROCESSOS PSICOLÓGICOS SUPERIORES. TRADUÇÃO: JOSÉ CIPOLLA NETO *ET AL*. 7. ED. SÃO PAULO: MARTINS FONTES, 2007.

MATERIAL DE APOIO

OS NÚMEROS DE 0 A 4

UNIDADE 1 • PÁGINA 12

OS NÚMEROS DE 5 A 9

UNIDADE 1 • PÁGINA 16

ONTEM, HOJE E AMANHÃ

UNIDADE 3 • PÁGINA 36

SEGUNDA-FEIRA

TERÇA-FEIRA

QUARTA-FEIRA

QUINTA-FEIRA

SEXTA-FEIRA

NA FEIRA

UNIDADE 4 • PÁGINA 58

QUEBRA-CABEÇA

UNIDADE 6 • PÁGINA 80

QUANTO VALE?

UNIDADE 6 • PÁGINA 84

FOTOGRAFIAS: TACIO PHILIP SANSONOVSKI/SHUTTERSTOCK

ORDENE A HISTÓRIA

UNIDADE 7 • PÁGINA 94

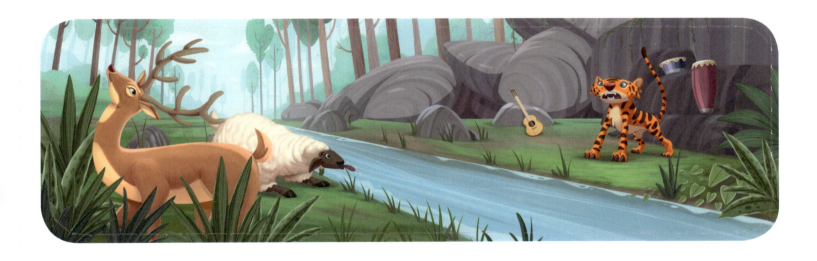

133

DIA OU NOITE?

UNIDADE 8 • PÁGINA 106

OUVIR UMA HISTÓRIA

IR PARA A ESCOLA

BRINCAR NO PARQUE

COLOCAR PIJAMA

LETRAS MÓVEIS

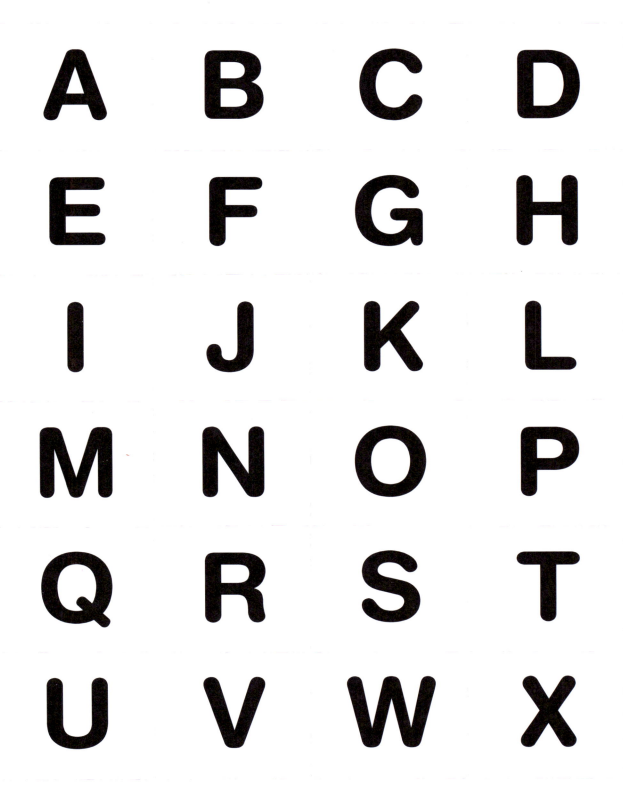

LETRAS MÓVEIS

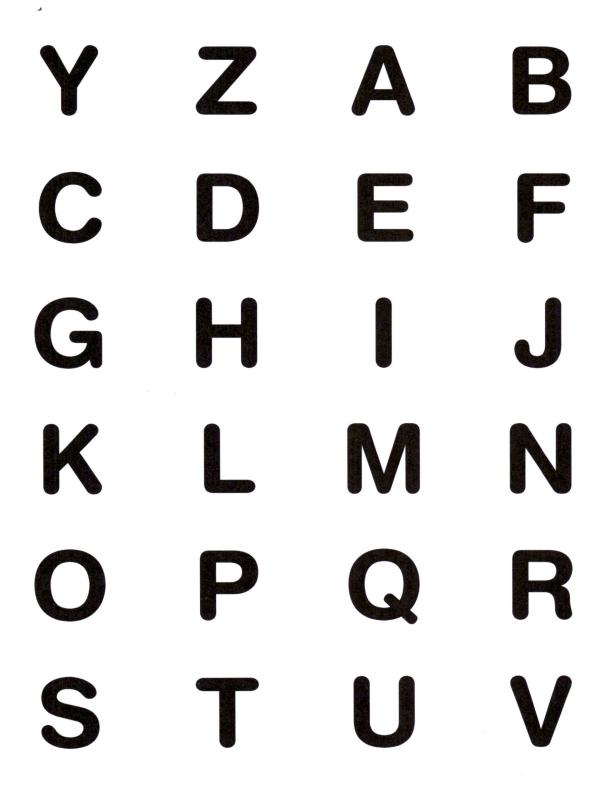

LETRAS MÓVEIS

141

LETRAS MÓVEIS

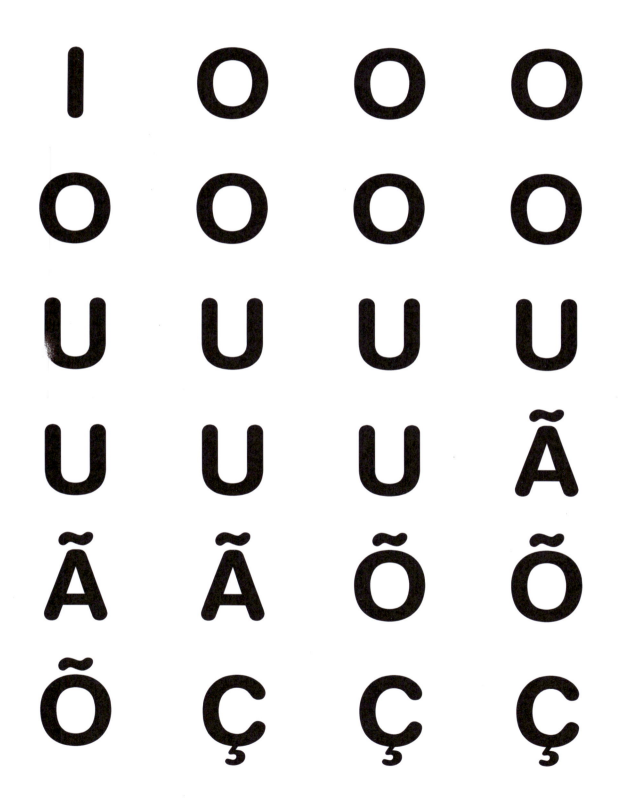

143